全国社会工作者职业水平考试辅导用书

2025

社会工作综合能力

（初级）

考前冲刺试卷

漆光鸿 ◎ 主编

中国人事出版社

图书在版编目（CIP）数据

社会工作综合能力（初级）考前冲刺试卷 / 漆光鸿主编. -- 北京：中国人事出版社，2025. --（全国社会工作者职业水平考试辅导用书）. -- ISBN 978-7-5129-2113-9

Ⅰ. D632-44

中国国家版本馆 CIP 数据核字第 2025QG2434 号

中国人事出版社出版发行

（北京市惠新东街 1 号　邮政编码：100029）

*

北京市科星印刷有限责任公司印刷装订　　新华书店经销

787 毫米 ×1092 毫米　16 开本　8.5 印张　182 千字

2025 年 2 月第 1 版　　2025 年 5 月第 5 次印刷

定价：32.00 元

营销中心电话：400-606-6496

出版社网址：https://www.class.com.cn

版权专有　　侵权必究

如有印装差错，请与本社联系调换：（010）81211666

我社将与版权执法机关配合，大力打击盗印、销售和使用盗版图书活动，敬请广大读者协助举报，经查实将给予举报者奖励。

举报电话：（010）64954652

目 录

第一部分　考前准备 ……………………………………………………………（ 1 ）
第二部分　考前冲刺试卷 …………………………………………………………（ 4 ）
　　考前冲刺试卷（一）………………………………………………………（ 4 ）
　　考前冲刺试卷（二）………………………………………………………（ 17 ）
　　考前冲刺试卷（三）………………………………………………………（ 30 ）
　　考前冲刺试卷（四）………………………………………………………（ 41 ）
　　考前冲刺试卷（五）………………………………………………………（ 55 ）
　　考前冲刺试卷（六）………………………………………………………（ 68 ）
第三部分　考前冲刺试卷参考答案 ………………………………………………（ 82 ）
　　考前冲刺试卷（一）参考答案 ……………………………………………（ 82 ）
　　考前冲刺试卷（二）参考答案 ……………………………………………（ 90 ）
　　考前冲刺试卷（三）参考答案 ……………………………………………（ 98 ）
　　考前冲刺试卷（四）参考答案 ……………………………………………（106）
　　考前冲刺试卷（五）参考答案 ……………………………………………（113）
　　考前冲刺试卷（六）参考答案 ……………………………………………（122）

第一部分 考前准备

《社会工作综合能力（初级）》是助理社会工作师职业水平考试的考试科目之一，旨在考查社会工作专业人员初步掌握和运用社会工作价值观、知识、工作方法，开展专业工作的综合能力。

一、考题分布

《社会工作综合能力（初级）》科目考试试卷总分100分，考试时间为120分钟。考题全部为选择题，其中单项选择题60道，每题1分，共60分；多项选择题20道，每题2分，共40分。需要说明的是，多项选择题每题的备选项中，有2个或2个以上符合题意，5个备选项中至少有1个错误选项；错选则本题不得分，少选则所选的每个选项得0.5分。从往年的考试经验看，多选题是考生丢分的"重灾区"。因此，考生要对知识有充分掌握，适当学习一些答题技巧。

社会工作职业水平考试属于全国统一考试，每年的题量和分值分布都比较稳定。近十年仅有一两年有个别题量出入，对考生复习而言，影响不大。各章所占分值比例参考见表1。

表1　　　　　各章所占分值比例参考表

章	单项选择题（道）	多项选择题（道）	分值（分）
第一章	7	1	9
第二章	5	2	9
第三章	5	2	9
第四章	8	3	14
第五章	8	3	14
第六章	8	3	14
第七章	6	2	10
第八章	5	2	9
第九章	8	2	12
合计	60	20	100

本书的六套考前冲刺试卷，完全采用正式考试的考题分布，综合考虑了考试的难度系数，在考点、考试角度、考试方式等方面，均参考了正式考试的出题方式，有利于考生尽快地适应考试节奏，较好地进入角色。

二、主要内容简介

本科目主要包括三大部分内容，共九章，三十三节。

第一部分，主要介绍了社会工作的基本知识，包括社会工作的内涵、原则及主要领域（第一章），社会工作价值观与专业伦理（第二章），人类行为与社会环境（第三章）。第一章属于概述，是本学科的入门知识、学科导入。第二章是从事专业社会工作必须强调的内容。第三章中社会工作的工作特点决定了人类行为与社会环境知识的重要性。

第二部分，介绍了社会工作的三大直接工作方法，也叫核心工作方法，即个案工作方法（第四章）、小组工作方法（第五章）和社区工作方法（第六章）。

第三部分，介绍了社会工作的间接工作方法和社会政策。间接工作方法方面主要介绍了社会工作行政（第七章）和社会工作研究（第八章）。社会政策方面主要介绍了社会政策与法规（第九章）。社会工作行政包括服务方案策划、服务机构运作、志愿者管理、筹款、督导等内容；社会工作研究主要介绍了定量和定性两种范式，并就问卷调查和个案研究等具体方法进行叙述；社会政策与法规简要介绍了特定群体、特定领域、特定议题的一些政策与法规。

三、考点分析

从各章所占分值比例参考表中可以看到，第二部分（直接工作方法），即第四章、第五章和第六章的分值占比最大。个案工作方法、小组工作方法和社区工作方法是社会工作三大核心方法，在每年的考试中所占分值最高，每章约14分，加起来的分值接近总体分值的一半，因此需要引起高度重视。这三章的内容大致包括服务模式、工作阶段和服务技巧三部分，每个部分的考点都非常多，是复习的重中之重。针对这三章的内容，近年有考查细节的趋势。当然，只掌握这三章考点而忽略其他章节考点也无法通过考试，考生在备考过程中还是需要全面准备。

从近些年出题的特点来看，重要考点每年必考，从不缺席，如第四章个案工作方法中的"心理与社会治疗模式"、第六章社区工作方法中的"三大模式"、第八章社会工作研究中的"问卷调查"等，需要考生重视。

还有一些考点也很重要，一般会隔年考或者跳年考，也需要引起重视。例如，第一章中"对社会工作的不同理解"，第三章中"人生发展阶段及其主要特征"（每年考的阶段会有所不同），第四章至第六章中关于"个案工作、小组工作和社区工作的不同阶段"等。

当然，还有一些知识点会偶尔考查。因此，建议考生在备考过程中，第一遍复习时尽量慢一点，把所有考点都复习到，并且学透、弄懂；第二遍和第三遍复习时再逐步聚焦重点。

四、应试技巧

考生在复习考试的时候，建议至少复习三遍。

第一遍，考前三个月左右完成。结合本辅导教材认真研读指导教材，全面把握所有考点、重点、难点，力求一次性搞懂所有知识点。这一遍，慢一些没关系，但是要全面、要准确、要深入。

第二遍，考前一个月左右完成。继续全面看书，梳理每章的知识结构，重点在每年必考和隔年常考的考点上下功夫。

第三遍，考前十天或者半个月左右完成。要形成全书的知识体系脉络，重点突破重要考点和难点。

看书的时候需注意以下几点。

一是要有计划性。考生应该合理分配和计划复习时间，避免每次拿起书都从第一章第一节开始。事实上，不只第一章第一节，整个第一章所占分值都不高，切勿因小失大；每章都有考试重点，考生一定不能顾此失彼。

二是要有整体性。看书的时候，要从目录出发，厘清架构，把握教材各章节、知识点之间的内在关系，紧扣基本概念，以各个标题为纲要，强化理解和记忆。

三是要真正学透、弄懂。理解重于背诵，一定要避免无谓的死记硬背。

考试的时候需注意以下几点。

一是要保持沉着、冷静的心态，不要着急，充分利用好考试时间。

二是要认真审题，从题干中找关键词，锁定知识点，调取知识储备。

三是要坚持选项与题目相扣，不符合题意的选项，坚决不选择。

四是要以书本为本，书本中没有出现的，即使再合理，也不选择。

五是实在不好选择时，掌握好排除技巧。选项中意思相反或冲突的两个选项，只有一个为正确答案。单项选择题选项中，两个选项意思相近或相同，极有可能都不是正确选项；而在多项选择题中，则可能两个都是正确选项。

除此之外，还要提醒考生要认真填涂答题卡。答题卡是评判各位考生考试成绩的唯一依据。如非必要，尽量不用橡皮擦，要尽可能保证答题卡的填涂质量。

考生可以充分利用本辅导教材对于考点的梳理，多做真题演练，不断提升自己的能力和水平。

最后，预祝所有考生取得满意的成绩！

第二部分 考前冲刺试卷

考前冲刺试卷（一）

一、单项选择题（共60题，每题1分。每题的备选项中，只有1个最符合题意）

1.《中共中央 国务院关于加强基层治理体系和治理能力现代化建设的意见》提出，要完善社会力量参与基层治理激励政策，创新社区与（   ）的联动机制，支持建立乡镇（街道）购买社会工作服务机制和设立社区基金会等协作载体，吸纳社会力量参加基层应急救援。

    A. 社会工作服务机构、社区社会工作者、社区居民、社会公益资源

    B. 社区社会组织、社区社会工作者、社区志愿者、社会公益资源

    C. 社会组织、社会工作者、社区志愿者、社会慈善资源

    D. 社会服务机构、社会工作者、社区居民、社区志愿服务资源

2. 社会工作的特点不包括（   ）。

    A. 互动合作   B. 注重专业价值

    C. 专业助人活动   D. 单向提供服务

3. 社会工作者在社区开展了"智慧助老"服务，邀请辖区内高校的大学生志愿者为老年人培训如何充分使用智能手机，讲解网约车、互联网医院和网上购物等线上平台的操作方法。上述服务体现了社会工作在服务对象层面的目标是（   ）。

    A. 促进发展   B. 促进社会公正

    C. 解救危难   D. 促进社会团结

4. 小清双目失明，生活困难。社会工作者小明协助小清申请了低保，又为小清联系了职业培训机构，帮助小清找到了工作。目前小清收入稳定，对生活充满信心和希望。下列突出体现了社会工作功能的是（   ）。

    A. 帮助恢复了小清的正常生活

    B. 帮助维护了小清的社会权利

    C. 帮助改善了小清的工作环境

    D. 帮助增进了人们对残障人士的理解

5. 宋大爷常常带着收留的几只流浪狗在社区散步、踩踏草坪、不及时清理狗粪，引起社区居民的不满。物业管理人员劝说宋大爷将流浪狗送交相关部门处置，宋大爷不肯，双方争执不下。为此，社区居委会派社会工作者小夏处理此事。小夏的下列做法中，最能

体现社会工作者直接服务角色的是（　　）。
　　A. 协助社区居民商讨并制定社区环境卫生公约
　　B. 组织社区志愿者成立劝导队，维护社区环境
　　C. 对接企业资源，在社区内设置宠物粪便收集箱
　　D. 调解宋大爷与物业管理人员及社区居民的关系

6. 当某些服务对象因生活困难、离婚、吸毒和药物依赖、犯罪和违法行为等原因，而使自己的行为发生偏离时，社会工作者就要帮助服务对象发现其行为的问题，并对他们的行为进行矫正，以建立正确的行为方式和生活方式。这时，社会工作者所扮演的角色是（　　）。
　　A. 服务提供者　　　　　　　　　B. 支持者
　　C. 治疗者　　　　　　　　　　　D. 倡导者

7. 2020年10月，民政部办公厅发布《关于加快乡镇（街道）社工站建设的通知》，下列不属于乡镇社工站工作重点的是（　　）。
　　A. 鼓励村干部参加社会工作教育培训
　　B. 乡村儿童关爱服务
　　C. 乡村社区治理
　　D. 企业职工服务

8. 在对彭老伯开展个案工作的过程中，社会工作者很耐心地倾听彭老伯诉说自己的情况，并不评价其言行和价值观，而是根据彭老伯的实际情况探讨解决问题的方案。上述做法体现了社会工作的（　　）原则。
　　A. 接纳、尊重、自决　　　　　　B. 自决、非批判、个别化
　　C. 非批判、尊重、个别化　　　　D. 个别化、尊重、保密

9. 长期以来，李某与丈夫感情不和，但由于孩子尚小，为了不影响孩子成长，双方勉强维持着婚姻。但是，最近李某发现丈夫有了外遇，于是提出离婚。相关法律规定，在这种情况下李某可以在离婚时分得更多财产，但其丈夫反对离婚，理由是对孩子今后的成长不利。于是，他们向社会工作者寻求帮助。上述情况中，社会工作者面临的伦理议题是（　　）。
　　A. 保密议题　　　　　　　　　　B. 专业关系
　　C. 服务对象自决　　　　　　　　D. 多元文化

10. 社会工作者在实务活动中遭遇伦理议题时，应坚持最小伤害原则。下列表述中，符合最小伤害原则的是（　　）。
　　A. 社会工作者应尽可能避免对服务对象及相关人士造成伤害
　　B. 社会工作者应选择对机构损害最小的方案
　　C. 社会工作者应尽可能保护自己
　　D. 社会工作者应尽可能选择对专业损害最小的方案

11. 关于社会工作专业伦理的说法，正确的是（　　）。
　　A. 社会工作专业伦理是把价值观念转变为行动的行为守则

B. 社会工作专业伦理是指导社会工作者开展专业实践的理念
C. 社会工作专业伦理与专业价值观存在差异，二者是对立的
D. 社会工作专业伦理关注好坏、善恶等基本判断或选择

12. 社会工作者老王计划通过筹款平台，为4岁的患有先天性心脏病的小明筹集医疗费用。根据社会工作伦理守则，老王的下列做法中，最恰当的是（　　）。
　　A. 为增强筹款真实性，在平台配发小明卧病在床的照片
　　B. 征得小明父母同意后，隐去小明可识别的信息后筹款
　　C. 征得小明同意后，发动小明所在幼儿园老师捐款
　　D. 根据小明的意愿，隐去小明可识别的信息后筹款

13. 28岁的小刘长期在外打工，为与家人团聚，决定返乡创业。根据马斯洛的需要层次论，小刘返乡创业主要满足的是（　　）。
　　A. 生理需要　　　　　　　　　　B. 尊重的需要
　　C. 归属与爱的需要　　　　　　　D. 安全需要

14. 小伟的父亲有酗酒的习惯，并且每次醉酒之后都会破口大骂小伟的母亲，如果判断小伟父亲的这种行为是异常行为，那么判定的标准是（　　）。
　　A. 统计学标准　　　　　　　　　B. 主观评价标准
　　C. 行为适应性标准　　　　　　　D. 社会规范与价值标准

15. 小波的父母平时鼓励他养成良好的学习习惯，督促他按时完成作业，在报特长班时也会征求小波的意见。小波在学校遵守纪律，期末评选三好学生时，很多同学都给他投了票。小波的家庭教养模式属于（　　）。
　　A. 娇纵型　　　　　　　　　　　B. 专制型
　　C. 放任型　　　　　　　　　　　D. 民主型

16. 某社会工作服务机构组织新入职的员工春游，大家通过春游活动，加深了对彼此的了解，提升了团体的凝聚力。根据阿尔德弗尔的理论，这一做法主要满足了员工的（　　）。
　　A. 尊重需要　　　　　　　　　　B. 自我实现需要
　　C. 成长需要　　　　　　　　　　D. 关系需要

17. 老马近期体检时被查出患有重度脂肪肝，因此他下定决心开始健康饮食、规律运动，在社会工作者的帮助下，他加入了社区马拉松团体。老马的上述行为，体现的人类行为特点是（　　）。
　　A. 适应性　　　　　　　　　　　B. 发展性
　　C. 多样性　　　　　　　　　　　D. 可控性

18. 快递员小石父母早亡，由爷爷抚养长大。最近，小石的爷爷因胃癌住院治疗。小石既要工作又要照顾爷爷，心理压力很大，出现了注意力不集中、失眠、暴饮暴食的状况，还反复胃痛，工作和生活均受到影响。社会工作者老孙在走访新就业群体时，了解到小石的情况，决定采用心理社会治疗模式为其开展服务。老孙的下列做法中，体现出该模式特点的是（　　）。

A. 对小石所面临的危险快速作出判断
B. 采用多层面服务介入方式帮助小石
C. 运用放松技术有效调节小石的情绪
D. 劝导小石尽快到医院进行身体检查

19. 小冯性格内向，结婚后与公公婆婆一起居住，经常与婆婆发生冲突。为此，小冯很烦恼，感到心理压力很大。社会工作者小刘运用心理社会治疗模式，对小冯烦恼的产生时间、重要影响事件进行评估分析。上述小刘所做的评估是（　　）。
  A. 分类诊断   B. 心理动态诊断
  C. 缘由诊断   D. 非理性信念诊断

20. 田女士为悉心照顾丈夫和儿子，一直未外出工作。儿子进入高三后，成绩退步，田女士非常着急，而她的丈夫对家庭不管不问，还责备田女士没把孩子管好。最近，田女士发现了丈夫的婚外情，愤怒之下想要离婚，可一想到儿子，又犹豫了。与丈夫沟通无果后，心情低落的田女士向社会工作者求助，试图找到新的解决方法。根据危机介入理论，田女士目前处于（　　）。
  A. 危机阶段   B. 解组阶段
  C. 恢复阶段   D. 重组阶段

21. 住在养老院的王奶奶对社会工作者小李说，最近夜里总有人敲她的门，有一次她起来开门还被绊了一下。小李查看了走廊监控录像，并未发现有人去敲王奶奶的门。小李结合王奶奶近期日常行为表现，初步判断王奶奶可能患有轻度失智症，此时小李最恰当的做法是（　　）。
  A. 为养老院内的老年人开展预防失智症知识普及讲座
  B. 组织王奶奶熟悉的院友们为王奶奶提供帮助
  C. 与王奶奶的家属沟通建议将王奶奶暂时带离养老院
  D. 联系专业机构对王奶奶进行评估并提供相应服务

22. 社会工作者："你妈妈上周不幸去世。听到这个消息，我很难过。你坚持每天上课，下课后还帮爸爸做家务，表现得很坚强。"
  服务对象："爸爸也很辛苦的。"
  社会工作者："所以你要面对现实，现阶段的主要任务是和爸爸互相扶持，多沟通，尽快走出阴影。"
  上述对话中，社会工作者遵循的危机介入原则是（　　）。
  A. 限定目标   B. 强调优点
  C. 反映感受   D. 自我披露

23. 社会工作者在制订个案工作服务计划时，服务计划涉及的基本工作内容是（　　）。
  A. 促使有需要的求助者成为服务对象
  B. 对服务对象面临的问题进行评估
  C. 确定服务开展的基本阶段和主要方法
  D. 与服务对象签订正式的工作协议

24. 社会工作者小李对其服务对象说:"我也有过和你差不多的经历,可以和你说说,我当时是怎么处理的,看看对你有没有帮助。不过,这只是我的个人经验,不一定完全适合你。"小李采用的是影响性技巧中的(   )。
　　A. 自我披露　　　　　　　　　　B. 提供信息
　　C. 提供建议　　　　　　　　　　D. 提出忠告

25. 在个案工作会谈时,社会工作者将服务对象谈到的重要信息进行概括和归纳,以便加深服务对象对自身需要的理解和认识,这种会谈技巧称为(   )。
　　A. 澄清　　　　　　　　　　　　B. 摘要
　　C. 对质　　　　　　　　　　　　D. 复述

26. 小张是一名初中生,其父母从他小时候起就经常吵架,对他也漠不关心,这使小张对其父母产生了许多负面感受与评价。社会工作者小刘引导小张对自己的早年经历进行重新认识和评价,让小张反思自己对父母负面评价的形成过程以及父母对自己成长过程中的重要影响事件等。小刘运用的直接治疗技巧是(   )。
　　A. 自我肯定反思　　　　　　　　B. 现实情况反思
　　C. 人格发展反思　　　　　　　　D. 人际交往反思

27. 社会工作者为社区精神障碍康复者开设成长小组。下列做法中,最符合成长小组目标的是(   )。
　　A. 帮助组员学习精神障碍的相关知识,重建对精神障碍的认知,实现观念转变
　　B. 帮助组员建立关系,通过参与康复议题的讨论,增加彼此的信任和相互支持
　　C. 帮助组员认识精神障碍现状和成因,了解心理治疗方式及其可能产生的效果
　　D. 帮助组员了解、认识和探索自己,运用自身资源,发挥潜能,促进健康发展

28. 社会工作者小李计划为社区独居老人开展小组活动,目的是提高独居老人的社会交往能力,增进他们的相互交流。小李最宜采用的小组工作模式是(   )。
　　A. 发展模式　　　　　　　　　　B. 治疗模式
　　C. 互动模式　　　　　　　　　　D. 社会目标模式

29. 社会工作者小乔拟针对大学生的就业困扰开展小组服务。在小组准备阶段,小乔根据收集的报名表,筛选"不清楚自己的优势,无法辨别职业特质"的报名者参加小组。小乔的上述做法,体现了遴选和评估组员的要件是(   )。
　　A. 共同或相似的问题　　　　　　B. 共同的兴趣和愿望
　　C. 对某些问题的认知　　　　　　D. 对参加小组的要求

30. 学校社会工作者小月对本校的志愿者小组进行培训,计划在儿童节去儿童福利院举办庆祝活动。在小组对本次计划的具体细节进行讨论时,小组成员有的积极发言,有的却沉默不语。对于组员们提出的问题,小月给予适当的解答,并且教导大家把在培训中学到的知识运用到实际的活动中,鼓励大家共同努力,应对可能会遇到的困难。在这个过程中,小月所运用的技巧是(   )。
　　A. 适当控制小组的进程　　　　　B. 保持组员对整体目标的意识
　　C. 协调和处理冲突　　　　　　　D. 处理抗拒行为

31. 在小组讨论时，社会工作者认真聆听组员的发言，了解组员的感受和期望，并不时地复述组员讲过的话，让他们感到被理解和重视。上述做法中，社会工作者运用的技巧是（   ）。

　　A. 积极回应　　　　　　　　　　B. 示范引导
　　C. 自我披露　　　　　　　　　　D. 信息磋商

32. 某小组的最后一次活动中，组员小王说："我觉得我在咱们小组挺好的，大家能够相互信任。但一想到现实生活，我就特别紧张，最近都失眠了。"面对组员的离别情绪，社会工作者最宜采用的做法是（   ）。

　　A. 按原计划结束小组，将小王的问题搁置，不予处理
　　B. 更改计划，加开小组，将小王的问题及时妥当处理
　　C. 更改计划，延长小组，将小王的问题交由组员讨论
　　D. 按原计划结束小组，将小王的问题通过个别跟进解决

33. 在某减压小组讨论中，社会工作者与组员有以下对话。

　　组员："我觉得有些压力是自己造成的，比如说在工作时，如果每一项任务都完成得很顺利、很完美，就会自然而然地要求自己完成下一项任务时也要同样完美。事实上，很多事情并不会像自己想象的那样，因此也没必要设定那么高的期待。"

　　社会工作者："你觉得有时候对自己要求太高了，也会带来压力，因此要降低自我期待，是这样吗？"

　　上述对话中，社会工作者所用的技巧是（   ）。

　　A. 摘述　　　　　　　　　　　　B. 鼓励
　　C. 引导　　　　　　　　　　　　D. 了解

34. 社会工作实习生小燕在某福利院参与对老年人的服务。在设计小组活动时，小燕拟为高龄老年人设计"击鼓传花"的热身游戏。督导员老王建议小燕在设计游戏时首先要考虑（   ）。

　　A. 经验分享环节　　　　　　　　B. 组员的特征和能力
　　C. 小组活动的顺序　　　　　　　D. 小组活动的规模

35. 根据社区工作目标的分类，"24 小时内完成小区全员核酸检测"属于社区工作目标中的（   ）。

　　A. 过程目标　　　　　　　　　　B. 结果目标
　　C. 任务目标　　　　　　　　　　D. 基本目标

36. 在面对下列问题时，地区发展模式并不能有效解决的是（   ）。

　　A. 社区居民之间关系疏离，部分邻里关系不良
　　B. 社区居民不熟悉社区的社会服务机构
　　C. 社区的公共空间普遍存在堆放杂物、乱搭乱盖现象
　　D. 新建社区的居民生活用水费用过高

37. 某社会工作服务机构承接了"15 分钟生活服务圈"示范街区建设子项目。该机构根据项目办要求，计划运用社会策划模式打造"公共服务空间"的人文关怀氛围。下列做

法中，属于该模式实施策略中"分析环境和形势"内容的是（　　）。

  A. 审视解决问题的手段有无不足
  B. 列出所有能达到目标的可行性方案
  C. 了解对计划有影响力的人士和团体的需要
  D. 分析所属社会工作服务机构的优点和不足

38. 社区工作者小刘召开座谈会，征询居民对社区环城改造的意见与建议。会议中，小刘发现老张一直滔滔不绝，而其他居民都沉默不语。此时，小刘应采取的主持会议技巧是（　　）。

  A. 鼓励老张继续发言　　　　　B. 转移与会者关注点
  C. 向所有与会者提问　　　　　D. 邀请其他居民发言

39. 社会工作者在"认识社区"阶段，需要对社区问题进行详细分析。下列表述中，属于"描述问题"的是（　　）。

  A. 制定解决社区问题的策略　　B. 探讨社区问题未来发展变化
  C. 分析社区问题产生的原因　　D. 说明居民对社区问题的感受

40. 社会工作者小王在"引领健康生活"主题小组的讨论中，运用了小组提问技巧。下列提问中，属于深究回答型提问的是（　　）。

  A. "早睡早起属于健康生活的一种具体表现，是不是？"
  B. "除了早睡早起，大家对健康生活还有其他想法吗？"
  C. "大家说说早睡早起，到底早到几点比较适合？"
  D. "李大爷觉得早睡早起是健康生活，其他人怎么看？"

41. 某社区中有调解队、巡逻队、理发队等多支志愿者服务队。这些服务队平时各自开展活动，当居委会组织大型活动时，就积极响应、分享资源、相互支持、统一行动。从社区互动分析的角度，这些志愿者服务队之间是（　　）关系。

  A. 竞争　　　　　　　　　　　B. 联盟式
  C. 交换　　　　　　　　　　　D. 授权式

42. 某社会工作服务机构动员社区的高中生和大学生组成"同心协力"暑期志愿服务队，通过"一对一"结对方式，帮助社区困难家庭的儿童掌握学习方法、提高学习兴趣。项目结束后，该机构对项目进行了总结评估。下列属于成果评估的是（　　）。

  A. 考察志愿者资源配置合理度　B. 完成工作进度安排
  C. 了解儿童改变程度　　　　　D. 完成资金投入产出效益表

43. 某社会工作服务机构承接了一个易地搬迁安置社区的综合性发展项目。为此，该服务机构成立项目工作组，充分授权项目工作组结合实际情况调整计划和分配任务。项目工作组定期分析项目面临的挑战，改进服务方法，圆满完成了项目任务。该项目工作组的团队类型是（　　）。

  A. 多功能型　　　　　　　　　B. 职能型
  C. 自我管理型　　　　　　　　D. 直线型

44. 某社会工作服务机构主要为精神障碍者提供社区康复服务。在服务策划中，该服务机构依次开展了服务对象需求评估、社区康复目标制定、策划可行的康复支持方案、认识机构缺少精神健康专精服务的局限性、选择吸引服务对象参与的可行性方法、设计详细的康复活动内容等工作。该服务策划形式属于（　　）。

  A. 战略性策划　　　　　　　　B. 创新策划

  C. 方案发展策划　　　　　　　D. 问题解决策划

45. 某社会工作服务机构联合一家公募基金会发起"天使行动"月捐计划，首批捐款人通过宣传倡导，带动自己身边更多的人加入了月捐计划。这些新加入者的个人捐款动机最有可能是（　　）。

  A. 个人需要　　　　　　　　　B. 外界影响

  C. 利他动机　　　　　　　　　D. 自我利益

46. 某社区居住了多位孤独症儿童，该社区社会工作者为此招募了五位居民担任志愿者，开展结对服务。为了能更好地开展服务，社会工作者为志愿者讲解了孤独症儿童的特征以及引导儿童康复治疗的技巧。这属于社会工作者对志愿者（　　）的培训。

  A. 服务实务知识　　　　　　　B. 服务信心提升

  C. 认识服务目标　　　　　　　D. 服务理念和价值

47. 社会工作者小吴在如何与听力障碍儿童沟通方面存在困惑，于是向督导者老夏求助。老夏结合实际案例，向小吴讲解了听力障碍儿童及其家庭的特点，示范了与听力障碍儿童沟通的技巧。老夏的做法属于（　　）。

  A. 行政性督导　　　　　　　　B. 支持性督导

  C. 教育性督导　　　　　　　　D. 发展性督导

48. （　　）关注方案进行过程中服务对象和人数变化情况，以及服务方案推行的主要工作项目的完成情况。

  A. 过程评估　　　　　　　　　B. 结果评估

  C. 绩效评估　　　　　　　　　D. 分段评估

49. 学校社会工作者小袁运用定量研究的方法，对青少年社会适应的影响因素进行研究。根据定量研究所遵循的演绎法研究策略，小袁首先要做的是（　　）。

  A. 提出研究问题　　　　　　　B. 开展研究设计

  C. 编制调查问卷　　　　　　　D. 进行资料分析

50. 在某街道社工站的一次督导会议上，督导者老张就服务对象家庭需求评估议题，建议社会工作者小林将需求评估问卷中的问题"您的家庭结构是什么？"更改为"除了您自己以外，还有谁与您一起生活？"上述老张的修改建议，主要体现的问卷设计原则是（　　）。

  A. 问卷设计需要考虑被调查者的理解能力

  B. 问卷设计需要考虑测量结果的信度与效度

  C. 问卷设计需要考虑需求评估的目的

  D. 问卷设计需要考虑资料处理方法的难易

51. 对受虐儿童群体进行研究时，社会工作者老何决定采取定性研究方法。该研究方法的重点在于（　　）。
　　A. 归纳提炼出有关受虐儿童问题的理论
　　B. 推断受虐儿童群体的总体特征
　　C. 验证有关儿童被虐待的理论假设
　　D. 发现所研究的受虐儿童群体的特殊性

52. 问卷调查是社会工作的研究方法之一，它依据问卷收集资料，并将问卷的问题分为态度、行为和状态三种类型。下列属于状态类型的提问是（　　）。
　　A. "你对××社会工作事务所提供的服务满意吗？"
　　B. "过去一星期你去过网吧几次？"
　　C. "你工作过吗？"
　　D. "你对最近发生的××热点事件怎么看？"

53. 留守儿童在当前社会已成为一个特殊的社会群体，日益引起社会的关注。有关调查数据显示，留守儿童多于流动儿童，而且留守儿童中女童的比例高于男童。在留守儿童中，高达12%的儿童都存在偏差行为。社会工作者为了全面、深入地了解留守儿童的家庭教育对留守儿童行为的影响，打算开展一项研究。对此，社会工作者宜采用的研究方法是（　　）。
　　A. 实验研究　　　　　　　　B. 个案研究
　　C. 行动研究　　　　　　　　D. 问卷调查

54. 根据《中华人民共和国民法典》，被非法限制人身自由的当事人请求撤销婚姻的，应当自（　　）之日起一年内提出。
　　A. 胁迫行为终止　　　　　　B. 胁迫行为发生
　　C. 恢复人身自由　　　　　　D. 知晓撤销自由

55. 根据《中华人民共和国未成年人保护法》，应重点保护未成年人的各项合法权益，其中不包括（　　）。
　　A. 发展权　　　　　　　　　B. 生存权
　　C. 参与权　　　　　　　　　D. 独立权

56. 2022年5月，程某与甲公司签订了为期5年的劳动合同。2024年3月，甲公司与乙公司合并，其权利义务由乙公司承继。乙公司人事部门通知程某解除劳动合同。程某对乙公司的做法提出异议，要求继续履行劳动合同，多次与乙公司人事部门沟通未果。根据《中华人民共和国劳动合同法》，下列关于程某与乙公司纠纷的说法，正确的是（　　）。
　　A. 乙公司应当与程某重新签订劳动合同
　　B. 程某与甲公司签订的劳动合同继续有效，劳动合同由乙公司继续履行
　　C. 乙公司可以解除与程某的劳动合同，但是应当支付违约金
　　D. 乙公司可以解除与程某的劳动合同，但是应当支付一个月工资的经济补偿

57. 根据《中华人民共和国妇女权益保障法》，丧偶儿媳对公婆尽了主要赡养义务的，在继承公婆财产时应作为（　　）顺序法定继承人。

A. 第一 B. 第二
C. 第三 D. 第四

58. "各级人民政府和有关部门鼓励、帮助残疾人参加各种文化、体育、娱乐活动，积极创造条件，丰富残疾人精神文化生活。"上述权利属于残疾人享有的（　　）。
 A. 社会福利权利 B. 环境友好权利
 C. 文化生活权利 D. 婚姻家庭权利

59. 10月1日，单位领导安排小张在单位值班，以应对可能的突发情况，对比单位应支付不低于其工资的（　　）的工资报酬。
 A. 100% B. 150%
 C. 200% D. 300%

60. 某社区居民甲经常不分时间在家弹钢琴，吵到邻居，邻居乙多次上门协商无效。于是，乙也不分时间敲打甲家房门，导致两家矛盾越来越深。社区人民调解委员会为此咨询法律专业人士，还邀请专业机构测试噪声强度，经过努力，甲乙双方终于达成调解协议。根据《中华人民共和国人民调解法》，关于该人民调解委员会在此次调解过程中产生的调解经费的说法，正确的是（　　）。
 A. 调解经费应由甲单独承担 B. 调解经费应由乙单独承担
 C. 调解经费应由甲乙共同承担 D. 调解经费甲乙均无须承担

二、多项选择题（共20题，每题2分。每题的备选项中，有2个或2个以上符合题意，至少有1个错项。错选，本题不得分；少选，所选的每个选项得0.5分）

61. 关于我国社会工作发展基本原则的说法，正确的有（　　）。
 A. 坚持中国共产党的领导，认真贯彻党和政府有关发展要求
 B. 坚持走国际化的发展道路，用国际经验模式解决本土问题
 C. 坚持社会主义核心价值观引领，提升社会工作的社会认同
 D. 坚持职业化发展路径，建立更加完善的社会工作职业体系
 E. 坚持以专业为中心的理念，把维护专业权威作为发展目标

62. 关于社会工作价值观实践原则的说法，正确的有（　　）。
 A. 社会工作者不应与服务对象分享其私人经历和感受
 B. 社会工作者应当用统一的服务方法回应不同服务对象的需要
 C. 社会工作者应当运用专业知识代替服务对象做决定
 D. 社会工作者应当尽可能地保护服务对象的隐私
 E. 社会工作者应当接纳服务对象的价值观和个人特征

63. 小美因遭受严重的家庭暴力，带着四岁的女儿进入庇护所。随后，小美接到丈夫打来的电话，威胁她必须尽快带孩子回家，小美很害怕。此时，庇护所的社会工作者恰当的做法有（　　）。
 A. 劝小美暂时不要回去 B. 舒缓小美的情绪

C. 劝小美把孩子送回去　　　　D. 与小美共同商量应对策略

E. 协助小美寻找社会支持

64. 人类行为和社会环境相互影响，社会工作者要正确把握人类行为和社会环境的关系，应（　　）。

A. 评估服务对象行为方面的情况

B. 评估服务对象所处的社会环境

C. 评估影响服务对象的生物遗传因素

D. 评估社会环境与自然环境之间的互动情况

E. 评估服务对象与社会环境之间的互动情况

65. 周老师退休前是学校的领导，退休后心情一直十分低落，以前好交朋友的他，现在既不与老朋友来往，也不愿去结识新的朋友，经常一个人在家里唉声叹气。从这些情况来看，周老师遇到了（　　）等老年期问题。

A. 老年疾病

B. 人际关系淡化导致的孤独感

C. 经济收入减少产生生活上的困难

D. 面对疾病和死亡产生的无奈和恐惧

E. 退出就业领域产生的无用感

66. 居委会工作人员向社会工作者小陆反映，居民马女士经常被丈夫殴打，想离婚但又担心无法继续正常生活，希望小陆能帮助她，小陆计划为马女士开展个案服务。下列关于小陆与马女士建立专业关系的表述，正确的有（　　）。

A. 小陆鼓励马女士要对自己有信心

B. 小陆特别专注地倾听马女士诉说困扰

C. 小陆应该完全接纳马女士对丈夫的依赖心理

D. 小陆与马女士建立信任关系有助于开展服务

E. 小陆与马女士专业关系的建立完全取决于单方的合作意愿

67. 阿芳45岁才得一子，但儿子因意外去世，使她备受打击。社会工作者运用危机介入模式帮助阿芳，应采取的介入措施有（　　）。

A. 帮助阿芳整理自己的想法和感受　　B. 帮助阿芳缓解失去孩子的悲伤

C. 协助阿芳探讨过往感受　　　　　　D. 针对阿芳的情况制定解决方案

E. 劝阻阿芳不要过度悲伤

68. 社会工作者一般使用引导性技巧帮助服务对象探索自己过去的经验，使其更清楚自身的需要。下列社会工作者的表达中，运用引导性技巧的有（　　）。

A. "您现在的做法与您之前的想法有很大差距，为什么？"

B. "听了您刚才的话，我认为您必须停止酗酒，否则您的家庭很可能破裂。"

C. "您是说您的问题是因为多次不成功造成的，是这样吗？"

D. "您刚才讲了很多方面，但我们时间有限，您能说说最想谈的是什么吗？"

E. "听了您刚才的话，我理解您现在的问题是因为您童年的不幸遭遇，对吗？"

69. 医务社会工作者小汪为某地区医院实习生建立了病房探访技巧提升小组。在经验分享环节，实习生小黄滔滔不绝地讲述自己的病房探访技巧，导致其他组员无法发表自己的观点。此时，小汪运用限制性技巧进行回应。下列表述中，采用该技巧的有（　　）。

   A. "小黄，谢谢你刚才分享了很多实用的病房探访技巧，现在我们是不是听听其他组员的想法呢？"
   B. "接下来的时间不多了，给大家一个挑战，每人只分享一个技巧，而且尽量是其他人没有分享过的。"
   C. "小黄，你是否可以分享一下，为什么你会在病房探访中用到这些技巧呢？"
   D. "我在病房探访过，也遇到过这样的情况，当时我用了同理心和倾听的技巧。"
   E. "在经验分享环节，请大家真诚分享自己的观点，并认真聆听其他人的分享。"

70. 小组活动通常安排经验分享环节，其主要作用在于鼓励组员（　　）。

   A. 评估小组活动是否达到目标　　B. 调整小组目标和小组契约
   C. 交流在小组活动中的成长经验　　D. 总结在小组活动中的有益启示
   E. 表达参与小组活动的感受

71. 某社会工作服务机构利用暑假时间开展了一个中学生人际交往能力提升小组活动。小组活动进行了一段时间后，组员出现了既想探索和了解自我，又害怕剖析和认识自我的问题，小组组员之间有时也会因为角色和权力的问题而产生冲突。面对这种状况，社会工作者的主要任务有（　　）。

   A. 制定小组规范　　　　　　　B. 建立小组契约
   C. 积极处理矛盾　　　　　　　D. 重新建构小组
   E. 控制小组进程

72. 社会工作者小赵在主持居民会议的过程中，服务对象周先生评价社会工作者说："他们做得都挺好的。"小赵说："谢谢您这么肯定我们的工作，那您具体说说好在哪里呢?"在会议过程中，小赵运用的技巧包括（　　）。

   A. 摘要　　　　　　　　　　　B. 转述
   C. 进一步说明　　　　　　　　D. 聚焦
   E. 鼓励

73. 社会工作者小李刚来某社区开展服务，对居民还不太熟悉。为了让社区中的居民、团体和组织认识自己，小李可采用的方式有（　　）。

   A. 积极参与社区重要活动
   B. 主动向居民介绍自己，尽量用专业术语
   C. 积极介入社区事务
   D. 主办社区活动
   E. 经常出现在社区居民之中

74. 社会工作者在运用社会策划模式开展工作的过程中，首先要了解其所服务组织的使命和目标。下列关于组织使命和目标的说法，正确的有（　　）。

   A. 组织的目标用来表示其存在的价值和提供服务的意义

B. 组织的使命为组织成员指明工作方向和所要解决的具体问题
C. 组织的使命可以鼓励组织成员产生认同并明确工作意义
D. 组织的目标指出组织所要解决的问题和满足的社会需要
E. 组织的目标代表了组织未来的蓝图并用来指导组织使命的构建

75. 制订服务工作计划应该做到（　　）。
    A. 了解服务对象拥有的资源
    B. 了解服务对象的人际交往情况
    C. 清晰认识社会工作者具备的能力
    D. 熟悉服务机构提供的具体服务
    E. 清楚服务对象的工作情况和工资水平

76. 志愿者逐渐成为社区治理的重要力量，发挥着越来越显著的作用，因此有必要对志愿者进行专业管理。下列关于志愿者管理的说法，正确的有（　　）。
    A. 工作发展与设计的任务是了解志愿者的兴趣和个人信息
    B. 志愿者在奉献时间、知识和技能时，越来越重视自我收获
    C. "需要评估与方案规划"是对志愿者和服务对象的要求进行评估
    D. 鉴于社会对志愿服务负面效果的关注，机构需加强对志愿者的规范管理
    E. 志愿者训练的主要目标包括端正态度、丰富知识和提升技巧三个方面

77. 社会工作研究属于社会工作与社会研究的交叉领域。社会工作研究的特性包括（　　）。
    A. 以弱势群体及其问题或需要为主要对象
    B. 注重采用社会工作视角
    C. 研究目的在于促进实务及提升理论，从而推进民众福利
    D. 研究者可以是资料的收集者、分析者和结果应用者
    E. 研究的首要目标是协助研究对象舒缓和解决问题

78. 定量研究参照自然科学研究的模式，其基本程序包括（　　）。
    A. 总结阶段　　　　　　　　　B. 观察检验
    C. 研究准备　　　　　　　　　D. 资料收集
    E. 资料研究

79. 根据《中共中央　国务院关于加强基层治理体系和治理能力现代化建设的意见》，关于加强基层治理体系和治理能力现代化建设指导思想的表述，正确的有（　　）。
    A. 以增进人民群众的安全感为出发点和落脚点
    B. 以习近平新时代中国特色社会主义思想为指导
    C. 以加强基层党组织建设、增强基层党组织政治功能和组织力为关键
    D. 以加强基层政权建设和健全基层群众自治制度为重点
    E. 以改革创新和制度建设、能力建设为抓手

80. 80岁的老李丧偶3个月后，结识了离异的老张，欲与其办理结婚登记，遭到了子女们的强烈反对及阻挠。老李的子女提出，双方老人可以共同生活，但绝不允许办理婚姻

登记，否则他们将不再承担赡养与照顾义务，并要求老李搬离由他们承租的房屋。根据《中华人民共和国老年人权益保障法》，老李可以以子女侵犯其（　　）为由，向人民法院提起诉讼。

  A. 婚姻自由权   B. 享受最低生活保障待遇的权利
  C. 生活保障权   D. 享受家庭赡养的权利
  E. 住房权

考前冲刺试卷（二）

一、单项选择题（共60题，每题1分。每题的备选项中，只有1个最符合题意）

1. 关于专业社会工作的说法，正确的是（　　）。
  A. 专业人员在本职工作之外从事的服务性工作属于专业社会工作
  B. 专业人员在公共卫生事件中提供的医疗服务属于专业社会工作
  C. 专业社会工作包括在群众团体中从事的社会救助服务工作
  D. 专业社会工作是由受过规范训练的人员开展的职业化活动

2. 关于社会工作特点的说法，正确的是（　　）。
  A. 社会工作是互动合作的过程 B. 社会工作是自上而下的行动
  C. 助人是社会工作的唯一价值 D. 社会工作的目标是消除贫困

3. 社区工作者老严在一老旧小区拆迁的过程中，组织居民采取合理合法手段，保证了拆迁利益分配的最合理化。老严的工作体现了社会工作在社会层面的（　　）目标。
  A. 促进人的发展   B. 缓解困难
  C. 促进社会公正   D. 促进文化发展

4. 下列选项中，不属于社会工作基本服务对象的是（　　）。
  A. 孤儿   B. 妇女
  C. 无依无靠的老人   D. 精神病患者

5. 关于社会工作要素的说法，正确的是（　　）。
  A. 社会工作者的能力和经验间接影响服务的成效
  B. 社会工作服务对象仅限于生活上陷入困境的人
  C. 社会工作价值观通常无法在服务实践当中形成
  D. 社会工作助人活动是社会工作的基本实践活动

6. 关于社会工作领域的说法，正确的是（　　）。
  A. 在农村，可以围绕如何增加农民收入开展社会工作
  B. 在学校，个案工作是缓解学生新课题和困境的最有效方法
  C. 在企业，社会工作的根本目标是通过服务改善劳资关系
  D. 在医院，提供直接服务比间接服务更利于病人恢复健康

7. 宿舍管理员发现小高多次将同学的书偷偷扔到垃圾箱里，希望社会工作者小林帮助小高，小林犹豫要不要将这件事情报告给小高的班主任和学校。根据社会工作价值观，小林最终决定先收集资料，分析小高行为的成因，再确定是否需要采取其他措施。这体现了社会工作价值观的（　　）作用。

　　A. 保护服务对象权益　　　　　　B. 促进专业健康发展

　　C. 解决伦理难题　　　　　　　　D. 维护社会正义

8. 社会工作者老马在某社会工作服务机构已工作十年，在工作中总是能耐心解答新入职员工提出的相关问题，并且尊重他们的想法。根据社会工作专业伦理的基本内容，老马的上述做法最能体现出的是（　　）。

　　A. 社会工作者对服务对象的伦理责任

　　B. 社会工作者对同事的伦理责任

　　C. 社会工作者对全社会的伦理责任

　　D. 社会工作者对社会工作专业的伦理责任

9. 社会工作者小周在为跟随子女到城市生活的老人提供服务时，充分考虑和尊重老人的文化背景、生活习惯等差异，得到老人们的一致好评。上述内容体现的社会工作专业价值观是（　　）。

　　A. 个别化和非评判原则　　　　　B. 平等待人，注意民主参与原则

　　C. 注重和谐，促进发展原则　　　D. 个人发展与社会发展相结合原则

10. 社区居委会与社会工作服务机构合作摸排社区内特殊困难老年人群体的基本情况，总结社区常态化探访工作经验，倡议构建多方主体参与的关爱服务机制，以提升社会对这一群体的关注度。上述服务体现的社会工作专业价值观主要是（　　）。

　　A. 待人真诚和守信

　　B. 践行社会公正

　　C. 强调服务对象个人的尊严和价值

　　D. 注重服务中人与人之间关系的重要性

11. 关于伦理决定的基本处理原则的说法，正确的是（　　）。

　　A. 保护生命原则高于其他所有伦理原则

　　B. 鼓励服务对象表达不同意见体现了真诚原则

　　C. 隐私保密原则优先于最小伤害原则

　　D. 应给不同服务对象提供相同的服务资源

12. 单亲妈妈钟某平时忙于工作和照顾家庭，但她还是希望尽量抽出时间，与同学、朋友相聚在一起。根据马斯洛的需要层次论，钟某的这种想法是出于（　　）。

　　A. 对安全的需要　　　　　　　　B. 对归属与爱的需要

　　C. 对尊重的需要　　　　　　　　D. 对自我实现的需要

13. 根据阿尔德弗尔的 ERG 理论，下列表述中，最能反映"成长的需要"的是（　　）。

　　A. 小张租住在青年公寓

B. 小王购买了人身保险
C. 小李参加社区举办的快闪交友活动
D. 小赵报名参加了高等教育自学考试

14. 小宁的父母鼓励他培养自己的兴趣，生活中尊重他的意见，指导他制订每日学习生活计划，督促他按时完成作业。小宁乐观开朗，遵守学校纪律，受到老师和同学们的一致认可。小宁的家庭教养模式属于（　　）。
    A. 娇纵型　　　　　　　　　　　B. 专制型
    C. 放任型　　　　　　　　　　　D. 民主型

15. 春节临近，某市社会救助管理站联合当地社会工作服务机构开展"寒冬送温暖"活动。在他们的倡导下，当地志愿者纷纷加入，为流浪乞讨人员送去生活物资，在帮助他们的同时，也营造了互助关爱的社会氛围。上述做法突出体现了（　　）。
    A. 同辈群体能够改变人类行为　　　B. 人类行为能够改变社会环境
    C. 大众传媒能够影响社会环境　　　D. 心理因素能够改变人类行为

16. 情绪发展比较丰富和强烈，出现两极发展特征；自我意识、道德观和社会交往进一步发展。这属于（　　）的主要特征。
    A. 婴幼儿期　　　　　　　　　　B. 学龄期
    C. 青少年期　　　　　　　　　　D. 青年期

17. 小王是一名中学生，其父母从他小时候起就一直分居，对他也不关心，把他交给爷爷、奶奶抚养，这使小王对父母形成了许多负面评价与感受。社会工作者小葛引导小王对其早年经历进行重新认识和评价。小葛运用的直接治疗技巧是（　　）。
    A. 间接治疗　　　　　　　　　　B. 现实情况反思
    C. 心理动力反思　　　　　　　　D. 人格发展反思

18. 张某是某地地震灾区的居民。地震后，张某的房子倒塌，其母亲和一个孩子在地震中去世，张某和存活下来的家人都不知所措，心痛不已，一直无法接受这个事实。在危机介入过程中，社会工作者需要坚持的原则不包括（　　）。
    A. 放松练习　　　　　　　　　　B. 及时处理
    C. 限定目标　　　　　　　　　　D. 培养自主能力

19. 初中生洋洋沉迷于网络游戏，学习成绩较差，性格孤僻，朋友不多，缺乏自信，学校社会工作者小陈为其提供了个案服务。经过半年的服务，洋洋的总体情况有所改善。小陈拟对服务效果进行评估，最适宜的做法是（　　）。
    A. 邀请学校领导对个案服务影响因素进行考察
    B. 委托德育老师评估个案服务技巧的使用情况
    C. 要求洋洋在服务的过程中填写心理量表进行评价
    D. 要求洋洋填写服务满意度调查问卷评估服务情况

20. 许女士的儿子患有先天性脑瘫，一直由孩子的奶奶帮忙照顾，最近她丈夫被查出患有癌症，需要做手术，全家因而陷入混乱和痛苦中。许女士不知道如何是好，便找社会工作者老吕帮忙。根据个案工作各阶段的工作重点，老吕首先要做的是（　　）。

A. 肯定许女士的求助并确认求助意向
B. 与许女士商讨之后的个案服务计划
C. 将许女士转介给医院的社会工作者
D. 对许女士的家庭情况开展问题评估

21. 社会工作者小王与服务对象李女士建立专业关系后，运用心理社会治疗模式，从生理、心理和社会三个方面分析李女士问题产生的影响因素，进而作出判断。小王的上述工作内容属于（　　）。

  A. 分类诊断　　　　　　　　B. 心理动态诊断
  C. 缘由诊断　　　　　　　　D. 人格诊断

22. 在开展服务阶段，服务对象向社会工作者倾诉道："我爸妈都只关心工作，一点都不在乎我，一点都不关心我，我特别不重要。"社会工作者小张的下列回应中，使用同理心技巧的是（　　）。

  A. "你能把自己的真实感受表达出来，非常棒！"
  B. "你觉得你的爸爸妈妈把工作看得比你重要，你感到非常失落。"
  C. "其实你仔细回忆一下就能发现，你的父母还是很关心你的。"
  D. "我建议你换一个角度来看这个问题。"

23. 小婷是一名大二学生，平时喜欢独来独往。室友都觉得她难以接近，不愿与她交流，因此小婷感觉被同学孤立了，心情郁闷，向社会工作者小王求助。小王从小婷的环境系统入手开展服务，邀请小婷的亲友参与谈论，一起分析有些人喜欢独来独往的原因，并通过角色扮演，让室友体验被孤立的感觉。在链接社会资源的过程中，小王所采用的主要方式是（　　）。

  A. 服务的协调　　　　　　　　B. 需求的表达
  C. 利益的协调　　　　　　　　D. 权益的保护

24. 社会工作者在服务过程中，服务介入工作是否能够顺利开展，很大程度上取决于是否能够制定一个好的服务方案，而一个好的服务方案，需要符合一系列要求。下列不属于个案工作策划方案基本要求的是（　　）。

  A. 目标可观察和测量
  B. 服务对象的范围明确且以服务对象为主
  C. 服务策略与服务目标要一致
  D. 要注意坦诚和保密

25. 社会工作者小钱为大学一年级新生开展主题为"有你有我"的小组活动，旨在通过组员交流相似经历，彼此分享信息，互相鼓励，从而尽快适应大学生活。该小组属于（　　）。

  A. 教育小组　　　　　　　　B. 支持小组
  C. 成长小组　　　　　　　　D. 治疗小组

26. 在设计儿童教育小组活动时，为保证小组吸引力，确保活动开展的有效性，社会工作者小李在小组活动的时间安排上，考虑了整个小组的持续时间和活动频率。此外，小李还应该考虑的是（   ）。

  A. 每次活动时间的长短   B. 每人发言时间的长短

  C. 交流分享时间的长短   D. 互动环节时间的长短

27. 社会工作者小张推动某公司十多个青年员工成立自助小组，并以开放的、平等的原则开展小组工作，通过小组活动促使组员在小组中得到成长。小张运用的小组工作模式是（   ）。

  A. 治疗模式   B. 社会目标模式

  C. 发展模式   D. 互动模式

28. 社会工作者小程计划运用发展模式，为社区内亲子关系紧张的家庭开展小组活动。下列小组活动中，体现出发展模式中"使能者"原则的是（   ）。

  A. "七嘴八舌话困境"：讨论家庭当前面临的亲子问题

  B. "换个角度看家庭"：以角色扮演再现家庭沟通模式

  C. "齐心协作立契约"：开放讨论小组应当遵循的约定

  D. "立足当下寻资源"：发掘自身资源并寻找解决方案

29. 社会工作者小张带领的青少年友善行为培养小组已进入结束阶段。为了让组员形成的正向改变能够在现实生活中保持下去，下列做法中较为合适的是（   ）。

  A. 重新制定小组规范   B. 协助组员寻求支持

  C. 处理组员离别情绪   D. 将小组活动继续进行下去

30. 小组工作的沟通与互动技巧包括与组员沟通的技巧和促进组员沟通的技巧。下列属于促进组员相互沟通技巧的是（   ）。

  A. 专注与倾听   B. 对信息进行磋商

  C. 帮助组员相互理解   D. 及时进行小结

31. 在一个自我认知探索小组中，社会工作者发现组员小李很想发言。但轮到他时，他又说："先让别人说吧。"社会工作者说："你可以先说说看，大家也很期待听到你的想法。"社会工作者的回应，采用的技巧是（   ）。

  A. 中立   B. 鼓励

  C. 引导   D. 澄清

32. 企业社会工作者小孔计划为公司部分员工开设压力管理小组，由于是初次开展此类服务，督导者老沈建议小孔做好组前计划评估。下列小孔的做法中，最适宜的是（   ）。

  A. 运用压力量表测量企业员工的压力状况，并用压力标签进行标注

  B. 与组员的同事进行访谈，间接、客观地了解每位组员的压力状况

  C. 在评估时既考虑组员以往的压力状况，又关注当下感知到的压力

  D. 检索企业员工压力状况与减压方法文献，了解同类小组开展经验

33. 社区工作者针对养宠物引发的邻里矛盾，组织居民开展了文明养宠活动。下列活动目标中，属于社区工作过程目标的是（   ）。

  A. 解决宠物大小便导致的社区卫生问题

B. 提升社区居民持证养宠的比例

C. 培养社区居民文明养宠的习惯

D. 减少宠物乱叫而引发的扰民问题

34. 某城市社区有一些居民养的宠物经常在小区内随地大小便，引起了其他居民的不满，甚至发生过争执。社会工作者小赵决定运用地区发展模式来解决这个问题。下列做法中，较为合适的是（　　）。

A. 建议在小区空地开辟一块遛狗专区

B. 制定多个解决方案，交由双方居民代表投票

C. 拟定居民文明公约，交由社区大会讨论

D. 召集双方居民代表一起讨论，并协商解决问题

35. 关于社区工作中社会策划模式的说法，正确的是（　　）。

A. 社会工作者是制定方案和采取行动的专家

B. 体现的是一种由下而上的改变

C. 注重过程目标的实现

D. 居民骨干是制定方案和采取行动的专家

36. 老李因中风被送进医院，虽经过治疗，但仍留下了行动不便的后遗症。出院后，家人因费用问题无法送他到专业机构进行康复治疗，于是向社会工作者小张求助。小张立即从社区志愿者资料库中寻找到有护理经验和康复技能的志愿者，联系志愿者到老李家里帮助其做康复训练。从社区照顾模式的角度看，小张运用了（　　）的实施策略。

A. 由家庭照顾　　　　　　　　B. 由社区照顾

C. 在社区照顾　　　　　　　　D. 对社区照顾

37. 社会工作者在观察社区环境和走访居民的过程中，发现社区服务场所的无障碍设施未达到政策规定的标准。根据社区需要类型的划分，上述情形反映的需要属于（　　）。

A. 规范型需要　　　　　　　　B. 感觉型需要

C. 表达型需要　　　　　　　　D. 比较型需要

38. 制订社区工作计划包括明确目标、策略和设计方案等重要工作。在制定策略阶段，可以采用的方法不包括（　　）。

A. 采用"头脑风暴"方法让规划小组成员提出各种策略

B. 运用符合性、可接受性、可行性三个指标评估每个策略

C. 做好资源开发和链接工作

D. 运用SWOT分析法选择合适的策略

39. 社会工作者小黄准备在社区实施儿童友好社区建设项目。为保证项目的有效运作，在管理社区资源的过程中，小黄首先应（　　）。

A. 通过多元渠道招募志愿者和采用多种方式筹措资金

B. 链接社区内不同个人、组织和机构拥有的各类资源

C. 加强资源的统筹和协调，以发挥资源的整合性效果

D. 准确了解现有社区资源，分析目前资源方面的欠缺

40. 社区社会工作者小安引导社区居民参与社区环境治理，并培育社区社会组织，形成社区环境治理的可持续性力量。小安在社区社会组织培育建设和发展的不同阶段扮演不同角色，其适宜的做法是（   ）。
    A. 全程直接承担组织管理工作，让组织运行更高效
    B. 在组织成立之初，仅仅提供专业咨询和支持服务
    C. 在组织发展过程中，不断完善组织内部规章制度
    D. 在组织发展成熟后，注重发现和培育组织的领导者

41. 某社会工作服务机构每月组织一次项目讨论会，各项目主管须向机构负责人汇报项目进程，讨论项目实施中的问题，并及时进行调整和修正。上述做法属于社会工作服务机构运作中的（   ）。
    A. 授权   B. 分配
    C. 协调   D. 控制

42. 社会服务方案的策划分为多个步骤，在问题的认识和分析阶段，社会工作者应首先确定要解决的全面性问题，其次列明形成这个问题的"明确问题"，最后逐一列明造成这些明确问题的原因。这种认识方法属于（   ）。
    A. 问题认识工作表   B. 分支法
    C. 推论法   D. 问卷法

43. 某市社会工作者协会正在筹备社会工作主题宣传活动。为了提高工作效率，发挥各部门的优势，秘书处决定授权各部门参与活动的组织工作，秘书长将任务分解后指派给相关职能部门，并根据工作量授予部门主管人员使用调配权。为了保障授权的有效性，秘书长还需要做的工作是（   ）。
    A. 明确各部门所需要承担的责任   B. 要求各部门在过程中互相配合
    C. 加强各部门的过程性监管指导   D. 组织各部门进行活动方案论证

44. 某机构筹得一笔经费，招募到10名志愿者，为老旧小区困难家庭进行室内维修。社会工作者小王向志愿者们详细介绍了活动目标，并对他们进行了培训，帮助他们了解小区内家庭的基本情况。这属于志愿者管理中的（   ）。
    A. 招募   B. 面谈与签约
    C. 迎新说明   D. 督导与激励

45. 某社会工作服务机构通过参加公益创投，从本地区民政部门获得50万元资金支持，用于为社区独居老人提供服务。依据社会服务机构筹资方法分类，该机构获得资金的方式属于（   ）。
    A. 政府购买服务   B. 以奖代补费
    C. 社会捐助   D. 特别事件筹资活动

46. 在社会工作督导中，教育性督导和支持性督导最重要的区别是（   ）。
    A. 教育性督导强调教导被督导者知识和能力，支持性督导强调给予被督导者情感帮助
    B. 教育性督导强调团体会谈，支持性督导强调个别会谈

C. 教育性督导强调完成任务，支持性督导强调被督导者的个人成长

D. 教育性督导强调工作监督、总结和评估，支持性督导强调工作授权、协调与沟通

47. 关于实证主义的说法，错误的是（　　）。

A. 社会现象是有规律的，因而人类行为、社会变化、自然物质变化的因果关系或相关关系是可以被感知、概括和客观计量的

B. 社会研究旨在说明社会现象应该是什么，而不是说明社会现象或规律是什么

C. 自然科学方法适用于社会研究

D. 事物本身存在着内在的、必然的、可重复的规律

48. 社会工作者拟对社区高龄老年人的生活状况进行调查。下列问卷收集方式中，最适宜的做法是（　　）。

A. 发送网络问卷链接，请老年人自行填写

B. 上门探访老年人并面对面询问问卷内容

C. 通过打电话访谈的方式，完成问卷收集

D. 组织老年人参加社区活动集中调查问卷

49. 社会工作者小李为了解社区居民对家庭服务的需求，设计了一份调查问卷。下列问题和答案的设计中，最恰当的是（　　）。

A. 您的婚姻状况？①未婚；②已婚；③离婚

B. 您家的家庭结构？①核心家庭；②主干家庭；③联合家庭；④丁克

C. 您家的家务主要由谁承担？①母亲；②父亲；③妻子；④丈夫

D. 您对家务分工满意吗？①非常满意；②比较满意；③一般；④比较不满意；⑤非常不满意

50. 定性研究遵从的一般过程是（　　）。

A. 研究准备—资料收集—资料分析—总结应用

B. 资料收集和分析—准备工作—总结应用

C. 研究准备—资料收集、整理和分析—总结应用

D. 总结应用—准备工作—资料收集、整理和分析

51. 社会工作者王磊拟对社区居民的满意度进行问卷调查。下列做法中，符合问卷设计原则的是（　　）。

A. 答题者的答题结果会因为答题时间、空间和对象变化而变化

B. 问卷全部设计为问答题形式，全部答完需要1~2小时

C. 根据答题对象和问卷设计框架，设计几份不同版本的问卷

D. 不必考虑研究的目的和类型

52. 医务社会工作者小宋主要为骨肿瘤患儿及家属提供专业服务。为探索以家庭为中心的社会工作服务模式，小宋计划采用个案研究方法开展研究。小宋的下列做法中，正确的是（　　）。

A. 把研究所提炼的专业服务模式推广至其他医院

B. 重点研究社会工作者为骨肿瘤患儿服务的效果

C. 将病房内所有的骨肿瘤患儿及家属都作为研究对象

D. 将骨肿瘤患儿家庭参与服务的过程记录作为研究资料

53. 关于老年人合法权益的说法，错误的是（　　）。

A. 子女或者其他亲属不得干涉老年人离婚、再婚及婚后的生活

B. 不得以窃取、骗取、强行索取等方式侵犯老年人的财产权益

C. 老年人以遗嘱处分财产，应当依法为老年配偶保留必要的份额

D. 有血缘关系的弟、妹对年老无赡养人的兄、姐有扶养的义务

54. 根据《中华人民共和国妇女权益保障法》，国家保障妇女享有与男子平等的劳动权利和社会保障权利。下列单位在招聘录用过程中的做法，正确的是（　　）。

A. 甲单位招聘办公室职员2人，规定男性优先

B. 乙单位在招聘面试中，询问应聘女性婚育情况

C. 丙单位在劳动合同中，规定女职工特殊保护条款

D. 丁单位在女职工入职体检时，加入妊娠测试项目

55. 根据《工伤保险条例》，下列情形中，应视同工伤的是（　　）。

A. 在抢险救灾等维护国家利益、公共利益活动中受到伤害的

B. 在工作时间和工作场所内，因工作原因受到事故伤害的

C. 在周末时间和非工作岗位，突发疾病死亡的

D. 在上下班途中，受到非本人主要责任交通事故伤害的

56. 根据《中华人民共和国劳动合同法》，被派遣劳动者在无工作期间，劳务派遣单位应当按照（　　）标准，向其按月支付报酬。

A. 所在地人民政府规定的最低工资

B. 所在地职工平均工资

C. 本单位职工平均工资

D. 本单位在岗职工平均工资的80%

57. 根据《中华人民共和国民法典》，下列属于可撤销婚姻的是（　　）。

A. 男方24岁，女方20岁

B. 小刘两年前离婚，今年再娶了小李

C. 小王与其姑妈的女儿谈了两年恋爱，并在双方家长的同意下举办了婚礼

D. 患有艾滋病的刘佳隐瞒病情与邻村的张某走进了婚姻的殿堂

58. 村民李某向乡政府申请享受农村低保待遇，乡政府在上报县级民政部门审批前应履行一定的职责。下列不属于乡政府履行职责范畴的是（　　）。

A. 确定实际补助水平　　　　　　B. 委托村委会组织开展民主评议

C. 核查李某的收入　　　　　　　D. 将民主评议和审核意见进行公示

59. 下列人员中，可享受医疗救助的是（　　）。

A. 正常退休的老年人

B. 子女亲人在地震中丧生的享受低保待遇的残疾人

C. 儿女长期在国外的独居老人

D. 请病假在家休息的企业员工

60. 根据《中华人民共和国劳动法》，安排劳动者延长工作时间的，应当支付不低于工资的（　　）的工资报酬。
A. 100%
B. 150%
C. 200%
D. 300%

二、多项选择题（共 20 题，每题 2 分。每题的备选项中，有 2 个或 2 个以上符合题意，至少有 1 个错项。错选，本题不得分；少选，所选的每个选项得 0.5 分）

61. 社会工作的基本要素包括（　　）。
A. 服务对象
B. 社会工作价值观
C. 社会工作者
D. 社会工作目标
E. 助人活动

62. 社会工作者小尹为即将参加高考的小珍提供个案服务。初次见面时，小珍说是父母要求自己来的，还说因为学习成绩不好父母总是批评她。言谈中，小珍流露出对父母的不满以及父母对她的不信任。根据社会工作价值的基本信念，小尹适宜的做法有（　　）。
A. 打电话给小珍的父母，告诉他们小珍不适合接受服务
B. 礼貌热情地接待小珍，并表示自己理解她当前的想法
C. 结合小珍即将高考的现实，与她探讨目前面临的问题
D. 劝说小珍高考在即，应听父母的话抓紧时间好好学习
E. 与小珍逐步建立信任关系，相信小珍具备改变的潜力

63. 社区矫正对象老张回到社区后，觉得邻居都瞧不起自己，情绪很低落。社会工作者小王为他推荐了几份工作，都被老张以太累或时间不合适等理由婉拒。近日，老张找到小王，明确表示自己不愿工作，让小王直接为其申请最低生活保障。根据社会工作专业伦理，小王适宜的做法有（　　）。
A. 以服务对象为本，接受老张的请求
B. 与老张进行深入交流，鼓励他自食其力
C. 咨询专业督导者，商议解决问题的办法
D. 主动倾听老张的苦恼，帮助他调整心态
E. 向老张说明其不符合政策要求，终止服务

64. 现实社会中，大众传媒通过电视、网络、微平台等传播各类信息，具有速度快、范围广、影响大的特征，对人类行为产生了重要影响。大众传媒对人类行为的影响包括（　　）。
A. 确立行为标准
B. 增强受众的固有观念和行为
C. 引导人们的行为
D. 使受众改变其原有立场

E. 通过社会规范，对成员具有约束作用

65. 郑某最近升职加薪，亲朋好友都替他高兴，但是正值中年的郑某也有非常苦闷的地方。下列可能属于郑某苦闷的事情的有（   ）。
    A. 最近的体检报告，郑某的血糖和血脂数值都超出正常范围
    B. 女朋友因为无法承受他买不起房的现实和他分手了
    C. 子女因为将来继承遗产的问题发生争吵
    D. 体能大不如前，无法完整打完一场篮球赛了
    E. 遭受校园霸凌

66. 关于心理社会治疗模式特点的说法，正确的有（   ）。
    A. 注重从人际交往的场境中了解服务对象
    B. 运用综合的诊断方式确定服务对象问题的原因
    C. 采用多层面的服务介入方式帮助服务对象
    D. 治疗中的研究阶段仅限于资料的收集过程
    E. 服务介入分为适应能力和人际关系两个层面

67. 社会工作者小贺经过一段时间的工作，成功地帮助一名有自残行为的中学生小田不再伤害自己。小贺打算与小田结束工作关系，此时他可以（   ）。
    A. 提前告知小田工作即将结束
    B. 巩固小田已经取得的行为改变成果
    C. 跟小田探讨今后如何应对类似的问题
    D. 将小田的情况告诉他的朋友和班主任，对其进行跟踪观察
    E. 和小田探讨结案后的跟进服务

68. 大志在与社会工作者初次面谈时表示，自己与结婚3年的妻子经常吵架，希望社会工作者协助改善其夫妻关系，还要求社会工作者切勿告诉其他人。该面谈过程中，社会工作者宜采用的面谈技巧有（   ）。
    A. 限制   B. 专注
    C. 倾听   D. 同理心
    E. 忠告

69. 社会工作者小田以互动模式开展的小组工作已经进入第三次小组活动，发现组员小丁很内向，很少说话。这时，小田可以（   ）。
    A. 投以鼓励的眼光，鼓励小丁发言
    B. 直接给小丁一个问题，询问他的意见，等他回答
    C. 关注小丁，若他正在倾听其他组员的对话，暂时不打扰他
    D. 鼓励其他组员积极发言，无论他们说什么都给予肯定
    E. 设计一个体验活动，请每位组员分享感受，小丁发言后及时给予鼓励

70. 在转折阶段，小组及组员呈现出的特点包括（   ）。
    A. 小心谨慎与相互试探
    B. 组员对社会工作者的依赖渐弱

C. 角色竞争中的冲突
D. 对小组具有较强的认同感
E. 互动中的抗拒与防卫心理

71. 社会工作者拟对"网事随风"青少年网瘾治疗小组进行评估,下列测量工具中,适用于该小组过程评估的有（　　）。
    A. 个人自我报告　　　　　　　　B. 我的断网日记
    C. 上网时长统计表　　　　　　　D. 小组满意度问卷
    E. 网络成瘾自评量表

72. 下列属于社区工作在实施阶段所做的工作的有（　　）。
    A. 了解社区主要情况　　　　　　B. 管理社区资源
    C. 明确主要目标和制订计划　　　D. 执行工作方案
    E. 做好成果评估

73. 社会工作者小张正在就社区建立养老服务中心的问题主持居民会议。在会议进行的过程中,小张可以运用的技巧有（　　）。
    A. 提问和邀请发言　　　　　　　B. 建立民主领导风格
    C. 进一步说明和转述　　　　　　D. 关注和鼓励
    E. 摘要和总结

74. 在老旧小区改造过程中,加装电梯是社区居民关注的议题。为了全面准确地把握社区居民对加装电梯的意见,社会工作者小王决定运用多种方法收集资料,进行社区分析,其适宜的做法有（　　）。
    A. 收集业主微信群里业主对于加装电梯的看法
    B. 查阅讨论加装电梯议题的居民议事会的会议记录
    C. 召开居民座谈会,征询居民对加装电梯的意见和建议
    D. 设计居民加装电梯意愿问卷调查表,开展逐门逐户的调查
    E. 访问承接老旧小区电梯安装公司的负责人,了解其对加装电梯的意见

75. 为改善社区之间的邻里关系,社会工作者小王制定了几套可行性方案。在选择理想的可行性方案时,小王运用"可行性方案模型"来筛选理想方案。按照这个模型,下列属于小王需要考虑的因素的有（　　）。
    A. 科学性　　　　　　　　　　　B. 效率和效果
    C. 可行性　　　　　　　　　　　D. 公平
    E. 附加结果

76. 某服务对象向机构督导者老王抱怨社会工作者小李工作不太细心,有一次家访还迟到了半小时。在督导面谈中,小李也谈到最近感觉工作任务多,时间不够用,工作压力太大,有时晚上失眠,经常提不起精神。为缓解小李的压力,从教育性督导角度,老王适宜采取的做法有（　　）。
    A. 告诉小李与服务对象沟通的策略和技巧
    B. 帮助小李进行压力管理训练,学习放松技巧

C. 指导小李做好时间管理，合理安排工作优先次序

D. 协助小李识别和处理服务过程中所产生的焦虑情绪

E. 给予小李情感关怀和心理支持，并鼓励其继续投入工作

77. 某社会工作服务机构服务了多位家庭暴力受害者，协助他们摆脱了家庭暴力的阴影，成功开始了新的生活。社会工作者老张对该项服务进行个案研究，下列做法中，正确的有（　　）。

A. 运用访谈、查看服务记录等多种手段收集资料

B. 全面了解服务过程以及服务对象的经历和感受

C. 将研究的结果推论到其他的地区

D. 建构反家暴的本土社会工作理论

E. 发现影响服务有效性的主要因素

78. 问题和答案是问卷设计的核心。下列符合问题和答案设计技术要领的有（　　）。

A. 你目前享受何种医疗保险待遇？①公费医疗；②城镇职工基本医疗保险；③城乡居民基本养老保险；④其他（请说明）；⑤没有医疗保险

B. 您不抽烟，对吗？①是；②不是；③保密

C. 总的来说，您认为您个人对改善这个社区的影响程度是多少？①影响很大；②没有影响；③不知道；④影响很小

D. 在过去3个月中，您去医院看病几次？①没有去过；②1~2次；③3~4次；④5次及以上

E. 您的月收入是多少？①1 000元以下；②1 000~3 500元；③3 500~6 000元；④6 000元以上

79. 老张早年丧偶，独自一人将儿子小张抚养成人，现已衰老且丧失劳动能力。2020年年初，老张认识了谢某，交往一段时间后，老张准备与谢某结婚。小张担心老张结婚后财产被谢某占有，极力反对。下列说法中，正确的有（　　）。

A. 小张的做法干涉了老张的婚姻自由

B. 不管老张结婚与否，小张均应赡养老张

C. 老张与谢某结婚后，小张不必履行赡养老张的义务

D. 如果小张不履行赡养义务，老张有要求小张付给赡养费的权利

E. 老张结婚后，小张不必承担赡养谢某的义务

80. 老刘到深圳寻亲未果，身无分文，流落街头，遂向当地救助站求助。救助站对老刘采取的正确救助方式有（　　）。

A. 提供符合卫生标准的食物

B. 提供符合基本条件的住处

C. 帮助联系亲属

D. 安置到社会福利院

E. 提供返家乘车凭证

考前冲刺试卷（三）

一、单项选择题（共60题，每题1分。每题的备选项中，只有1个最符合题意）

1. 新时代我国专业社会工作将获得更大发展。关于专业社会工作的说法，正确的是（　　）。
   A. 经济增长是专业社会工作发展的目标
   B. 社会和谐是专业社会工作发展的前提
   C. 专业社会工作在社会治理中发挥着重要作用
   D. 专业社会工作的主要职能是维护社会安全

2. 服务对象老陈40岁，单身，曾因盗窃罪入狱3年，刑满释放后一直找不到工作。新入职的社会工作者小李刚接触老陈时，心里很害怕、抗拒，觉得他不值得帮助。督导老魏教导小李，社会工作强调尊重和接纳，要帮助有困难、有需要的人。老魏的督导内容主要体现的社会工作特点是（　　）。
   A. 多方协同　　　　　　　　B. 注重专业价值
   C. 双方合作　　　　　　　　D. 强调专业方法

3. 某社会工作服务机构通过实施青少年抗逆力教育计划，采用体验式教学方式，将抗逆力理念引入学校，增进了学生之间的互动，培养学生面对挫折的韧性。该计划体现了社会工作在服务对象层面上的目标是（　　）。
   A. 促进社会公正　　　　　　B. 激发个人潜能
   C. 推动社会团结　　　　　　D. 维护个人尊严

4. 社会工作者不但要面向服务对象提供直接服务，还要进行间接服务。下列社会工作者的角色中，属于间接服务角色的是（　　）。
   A. 支持者　　　　　　　　　B. 服务提供者
   C. 资源筹措者　　　　　　　D. 服务对象积极行为倡导者

5. 随着经济和社会的变迁以及环境的变化，新的社会问题不断出现，这就出现了社会工作的新领域。下列不属于我国社会工作新领域的是（　　）。
   A. 社区社会工作　　　　　　B. 就业促进社会工作
   C. 减灾社会工作　　　　　　D. 精神卫生社会工作

6. 为协助残障人士走出家门、融入社会，社会工作者小何筹备了"有爱无碍助融共乐"的主题活动。下列服务内容中，最能体现社会工作者支持者角色的是（　　）。
   A. 人际关系协调　　　　　　B. 鼓励分享生命故事
   C. 负面情绪疏导　　　　　　D. 积极倡导无障碍通行

7. 下列人员中，属于社会工作基本对象的是（　　）。
   A. 面对巨额房贷压力的年轻公职人员

B. 需要接受督导的新入职社会工作者

C. 不熟悉计算机但需用网课教学的教师

D. 生活在商品房小区的高龄独居老人

8. 老李久病不愈,家人希望其继续住院治疗,但老李表示很想回家,向医务社会工作者小王抱怨在医院不自由、不开心,并要求马上出院。此时,小王最适宜的做法是(   )。

    A. 由主治医生评估老李的身体康复情况后,由主治医生做出决定

    B. 和老李分析不同选择的利弊,再由老李来做出决定

    C. 告知老李的家人,由他们权衡后代替老李做出决定

    D. 在充分考虑老李意愿和处境的基础上,由小王做出决定

9. 学校社会工作者在与服务对象小磊的会谈中得知,上周小磊溜进学校的实验室,损坏了设备,造成了很大的经济损失。小磊家庭经济困难,他恳求社会工作者不要告知学校,以免让他承担责任。上述情形中,社会工作者遇到的难题是(   )。

    A. 保密问题　　　　　　　　　　B. 个人利益与社会责任

    C. 知情同意　　　　　　　　　　D. 专业能力

10. 根据社会工作价值观,社会工作者在专业实践活动中应当(   )。

    A. 为了做好服务要认同服务对象的价值观,不做批判

    B. 坚持专业导向,依据服务对象的信仰提供专业服务

    C. 努力说服服务对象接受正确的价值观,纠正其错误言行

    D. 针对不同服务对象的独特需要,采取不同的服务方法

11. 某医院社会工作者小张与服务对象王某深入接触后得知,王某因不堪病痛折磨产生了自杀的念头。小张应采取的做法是(   )。

    A. 根据保密原则,不向任何人透露王某的自杀想法

    B. 根据自决原则,不再劝说王某放弃自杀的念头

    C. 立即通知王某的家属和主治医生,做好防范措施

    D. 暗示王某的家属和主治医生王某有异常情况要加以关注

12. 社会工作专业伦理的基本原则不包括(   )。

    A. 服务对象为本

    B. 专业价值高于个人价值

    C. 坚持专业的权威性

    D. 服务对象的价值高于其他人的价值

13. 小飞的父亲要求他学习成绩保持全班前三名,一旦成绩下滑就对小飞进行打骂,还说"小孩不打不成才"。小飞家的家庭教养模式是(   )。

    A. 支配型　　　　　　　　　　　B. 专制型

    C. 放任型　　　　　　　　　　　D. 冲突型

14. 为了帮助小雯更快适应幼儿园生活,小雯妈妈扮演幼儿园老师,与小雯玩"快乐幼儿园"的游戏;小雯爸爸叮嘱女儿见到老师和同学要主动问好,告诉她过马路一定要遵

循交通信号灯的指引。小雯父母的上述行为，主要体现的家庭功能是（　　）。

    A. 社会化　　　　　　　　　　B. 繁衍后代

    C. 情感支持　　　　　　　　　D. 经济支持

15. 社会工作者在社区组织开展"志愿小明星"活动，让社区里的青少年自愿报名组成志愿服务队。经过几次活动后，青少年参与的积极性越来越高，彼此之间的关系也越来越亲密。这一过程主要体现了同辈群体的（　　）。

    A. 平等性　　　　　　　　　　B. 开放性

    C. 认同性　　　　　　　　　　D. 独特性

16. 小张是家中独子，因无力购置新房，结婚后小两口与小张的父母住在一起。小张的家庭类型属于（　　）。

    A. 主干家庭　　　　　　　　　B. 单亲家庭

    C. 联合家庭　　　　　　　　　D. 核心家庭

17. 儿童情绪社会化的重要标志是（　　）。

    A. 出现恐惧情绪　　　　　　　B. 上幼儿园

    C. 母婴依恋的形成　　　　　　D. 表现出兴趣情绪

18. 小白因诈骗被判2年有期徒刑，缓刑3年，司法社会工作者小陈为其提供服务。评估后，小陈决定采用心理社会治疗模式对小白进行个案辅导。下列做法中，属于该模式中反思性直接治疗技巧的是（　　）。

    A. 引导小白进行探索－描述－反思

    B. 引导小白对现实情况进行反思

    C. 找出小白行为背后的非理性信念

    D. 提高小白理性认知的能力

19. 小芸失恋后，整日以泪洗面，闭门不出。一天，她服用了大量安眠药企图自杀，幸好被朋友及时发现，送到医院抢救才挽回生命。医务社会工作者小赵了解情况后到病房陪伴小芸，协助她渡过难关。从危机介入的角度看，小赵除了需要迅速了解小芸的主要问题外，更重要的工作是（　　）。

    A. 对其进行危险性评估　　　　B. 安抚其悲伤情绪

    C. 联系其家人　　　　　　　　D. 将其转介心理咨询

20. 社会工作者小张与服务对象李某的工作面临结案，但是李某已经对小张产生了依赖，已经习惯和小张面谈，小张不得不将最后的服务从1周1次调整为3周1次。小张采取的结案方式为（　　）。

    A. 变化联系的方式　　　　　　B. 延长服务间隔时间

    C. 间接暗示服务对象　　　　　D. 降低情绪暗示服务对象

21. 服务对象小明在社会工作者小兰的帮助下，慢慢开始走出阴影，接着小兰又提供一些新的方法和知识，希望能使小明以往的行为方式有所调整。此时，小兰扮演的角色是（　　）。

    A. 治疗者　　　　　　　　　　B. 使能者

C. 教育者　　　　　　　　　D. 倡导者

22. 15岁的小张最近迷上了网络游戏，学习成绩一落千丈。面对繁重的学业，小张想要专心学习，又无法抵挡网络游戏的诱惑，遂向学校社会工作者老项求助。服务中，老项运用了影响性技巧。老项的下列回应中，属于该技巧的是（　　）。

　　A. "学习成绩不理想确实容易让人有压力，心里着急又不知道怎么办。"
　　B. "网络游戏打得这么好，说明你很聪明！相信你的成绩可以赶上去！"
　　C. "你的意思是，上网打游戏是因为游戏可以给你带来成就感，是这样吗？"
　　D. "我也爱打游戏，但我打游戏时设置40分钟的闹铃，铃一响我就停手。"

23. "您和您丈夫之间有许多问题，您觉得其中最大的障碍是在对孩子的教育和与父母的相处上，我的理解对吗？"上述谈话使用的技巧是（　　）。

　　A. 鼓励　　　　　　　　　B. 对焦
　　C. 对质　　　　　　　　　D. 澄清

24. 小杨即将大学毕业，他觉得找工作很难，抱着试试看的态度向社会工作者小林寻求帮助。小林从小杨的讲述中感受到他的无助，对小杨说："你能主动来找我，说明你想解决问题，这样很好。"小林上述回应的主要目的是（　　）。

　　A. 了解小杨的求助愿望　　　B. 鼓励小杨能够积极地面对困难
　　C. 确认小杨的受助身份　　　D. 明确小杨的求助问题及需求

25. 刘女士因生活压力大，向社会工作者求助。社会工作者小王在认真分析刘女士的情况后，既重视解决她的心理问题，也重视去改善导致压力问题的社会环境因素。小王的上述做法，依据的是（　　）治疗模式理论。

　　A. 萨提亚家庭　　　　　　B. 心理社会
　　C. 认知行为　　　　　　　D. 任务中心

26. 某医院妇产科开展了准妈妈小组活动，医务社会工作者小童通过交流分享、角色扮演等活动，让准妈妈们了解到孕中、孕后可能产生的各种需求，并学习新的知识和解决问题的办法。从小组工作类型的角度看，该小组属于（　　）。

　　A. 成长小组　　　　　　　B. 教育小组
　　C. 支持小组　　　　　　　D. 治疗小组

27. 新入职的社会工作者小范与机构督导员讨论面向不同服务对象的小组活动方案。下列小组活动设计中，最适宜的是（　　）。

　　A. 为幼儿园小朋友开设儿童社交小组，将每节时长定为10~20分钟
　　B. 为处于婚姻危机中的夫妻开设辅导小组，将小组的规模定为30人
　　C. 为青少年开设的户外拓展训练营，以完成每项拓展活动为最终目标
　　D. 为小学生开设的性教育小组，将一年级与六年级的学生安排在一起

28. 社会工作者在流动儿童支持小组中设计了"看图说话"的环节，锻炼组员们的想象力。组员小萌和小丽在描述某图画时出现分歧，双方都认为自己的答案是对的。对此，社会工作者最适宜的做法是（　　）。

　　A. 支持小萌的观点，鼓励其在小组中继续发言

B. 邀请另一位组员来描述，打破当前僵持局面
C. 提供看图说话的标准答案并给两人的描述进行打分
D. 重申小组契约，提示小萌和小丽要尊重他人

29. 小组社会工作者设计、开展帮助外来务工青年"融入城市生活，扩大交友范围"的小组活动，属于（　　）模式下的小组工作。
   A. 发展　　　　　　　　　　　　B. 过程
   C. 社会目标　　　　　　　　　　D. 互动

30. 在一次小组服务中，社会工作者对组员说："为了确保每次小组活动都能顺利进行，请大家在贴纸上写下你认为在小组中应遵守的规则，写好后贴在白板上。"社会工作者的这段话，最有可能出现在小组工作的（　　）。
   A. 准备阶段　　　　　　　　　　B. 开始阶段
   C. 转折阶段　　　　　　　　　　D. 成熟阶段

31. 社区社会工作者利用周末为青年人举办一场关于健康的小组讨论，发现在大家积极讨论的时候某人一直用手机玩游戏。此时，社会工作者适当的处理方法是（　　）。
   A. 劝退不听话的人　　　　　　　B. 和其他组员讨论他的行为
   C. 在小组中讨论小组规范　　　　D. 让违背纪律的人做检讨

32. 在某单亲妈妈支持小组的第一次活动中，由于大多数组员彼此不熟悉，缺乏必要的了解，组员们不能敞开心扉。为了营造信任的小组气氛，社会工作者适宜的做法是（　　）。
   A. 找出小组中每位组员的个性化特质
   B. 就某个议题让组员表达自己的想法
   C. 暂时回避组员之间可能存在的误解
   D. 引导组员尽可能地接纳自己的现状

33. 在某个青少年网瘾治疗小组的结束阶段，组员小王不愿意接受小组活动即将结束的事实，在活动中对其他组员不理不睬，并出现因通宵上网而迟到的现象。为了让小王巩固已经改变了的行为，社会工作者应当（　　）。
   A. 与小王一起制定小组规范　　　B. 协助小王寻求家人和朋友的支持
   C. 协助小王将认知转变为行为　　D. 与小王成为好朋友

34. 社区社会工作者在开展工作时，需要认识社区内的资源。下列属于社会工作者应了解的社区内资源是（　　）。
   A. 社区居民日常交往及如何相互影响
   B. 社区内各个学校的位置及开放情况
   C. 社区内爱心超市的盈利与收支情况
   D. 社区内人大代表参与社区事务情况

35. 某社区社会工作者定期为社区老年人举办公益论坛活动。2024年3月，社会工作者特邀媒体记者介绍了"老年人摔倒无人扶"以及"青年人担心做好事反成被告"的现象。老年人参与论坛后感触良多，社会工作者便顺势引导他们展开讨论，并促使他们向全

社区 1 200 多位老年人发出倡议，鼓励老年人主动与青年人接触，说明老年人对该问题的看法，消除社会误解，共同维护社会道德。社会工作者的上述工作，实现的过程目标是（　　）。

  A. 实现社会管理　　　　　　　　B. 促进社区互动
  C. 提升社会意识　　　　　　　　D. 推动社区照顾

36. 在外来务工人员居住比较多的社区，由于生活方式、习惯和语言差异，外来务工人员对社区资源不熟悉、社区认同感不强。为了让外来务工人员更好地融入社区，社会工作者宜开展的服务是（　　）。

  A. 团结邻里　　　　　　　　　　B. 协助居民了解社区
  C. 提供服务和发展资源　　　　　　D. 社区参与

37. 社会工作者在制定社区工作行动策略时，邀请社区居民代表参加策略规划小组。下列社会工作者的做法，正确的是（　　）。

  A. 让参与者在评估策略时尽可能地不要删除策略
  B. 在提出策略时，只挑选部分参与者发表的相关意见
  C. 让所有参与者通过"头脑风暴"方法提出各种策略
  D. 在筛选策略时，需要对策略进行更细致的方案设计

38. 某地计划采取社区照顾模式对老年人和重度残疾人开展服务。下列做法中，属于该模式实施策略中"由社区照顾"内容的是（　　）。

  A. 将辖区闲置的办公用房改造为养老驿站
  B. 为家庭照顾者提供支持性"喘息"服务
  C. 动员社区志愿者定期探访独居的老年人
  D. 将养老院的老年人送回到原居住地安置

39. 为了更好地开展工作，社会工作者小星应充分了解所在机构的理念、定位，以及与社区其他组织和团体之间的关系，这一活动应在社区工作的（　　）阶段开展。

  A. 进入社区前　　　　　　　　　　B. 宣传社区工作
  C. 建立和发展社区组织　　　　　　D. 社区工作评估

40. 某社区社会工作者推动成立了老年合唱队，作为队长的孙阿姨，一直精心组织安排合唱队定期排练，多次带队参加社区内外的演出活动，获得广泛好评。最近，孙阿姨向社会工作者透露想辞去队长职务的想法，原因是组织排练和演出的工作太多，她一个人难以应付。从培养居民骨干的角度看，社会工作者应协助孙阿姨（　　）。

  A. 增强自我认同感　　　　　　　　B. 增强民主领导能力
  C. 提升人际关系技巧　　　　　　　D. 提升分工合作意识

41. 某社区 60 岁以上老年人口占社区人口的 17%，其中 80 岁以上的有 200 多人。为了给高龄独居老年人提供针对性服务，社区社会工作者动员社区内有热情、有责任心的健康老年人参加互助活动，并推动成立"老年人互助社"。社会工作者在招募"老年人互助社"成员时，最有效的做法是（　　）。

  A. 在社区张贴广告，发布招募消息，等待老年人报名

B. 向社区发放宣传单，推广居家养老的理念

C. 开办社区讲座，宣传老年人服务知识

D. 主动与社区老年人接触，介绍活动内容

42. 社会工作者老张对儿童友好社区建设项目开展评估，他访谈了社区内50户参与项目的家庭，了解到该项目通过召开儿童议事会，动员儿童参加社区事务，组建儿童志愿服务队，提高了儿童对社区的认识，搭建了儿童交流平台，提升了儿童社区参与意识。老张开展的评估属于方案评估中的（　　）。

A. 目标评估　　　　　　　　B. 效率评估
C. 过程评估　　　　　　　　D. 效果评估

43. （　　）组织结构是最简单的组织方式，组织由上而下分成若干层级，各层级中每一个部门地位相等、权责相符，层级间只有直线和垂直关系。

A. 直线式　　　　　　　　　B. 直线参谋式
C. 职能式　　　　　　　　　D. 直线职能式

44. 关于社会服务机构筹资方法的说法，正确的是（　　）。

A. 为留守儿童图书馆申请项目补助属于特别事件筹资
B. 志愿者向熟悉的企业负责人争取捐款属于私人恳请
C. 项目申请书无需说明资助款项使用的社会交代方法
D. 电话劝募的优势是时间要求相对宽松且筹资周期长

45. 下列属于社会工作督导主要对象的是（　　）。

A. 医院社会工作者　　　　　B. 中级社会工作师
C. 初级社会工作者　　　　　D. 社会工作行政人员

46. 初级社会工作者小月在刚开始工作时，不熟悉相关政策。小月的督导员给她进行了相应的指导，小月的服务技能因此得到提高。督导员教给了小月（　　）的知识。

A. 社会问题　　　　　　　　B. 工作者本身
C. 服务对象群　　　　　　　D. 工作过程

47. 进行社会服务方案策划时，需要进行问题认识和分析。其中，认识问题的方法有分支法和（　　）。

A. 问题认识工作表　　　　　B. 调研法
C. 问卷法　　　　　　　　　D. 抽样法

48. 问卷是定量研究中常用的资料收集工具。关于问卷调查特点的说法，正确的是（　　）。

A. 访问问卷的问题设计以研究者的视角为主
B. 问卷的匿名性是保证问卷填答质量的前提条件
C. 问卷调查可以广泛适用于不同文化程度的研究对象
D. 问卷调查可以在短时间内收集众多研究对象的资料

49. 定性研究是基于（　　）方法论。

A. 实证主义　　　　　　　　B. 人文主义

C. 叙事主义 D. 反实证主义

50. 在定量研究的准备阶段，建立研究假设是不可缺少的环节。"社会工作者实务能力越强，服务对象积极改变的可能性越大"属于研究假设中的（　　）。
   A. 差异式假设 B. 因果式假设
   C. 条件式假设 D. 乘数式假设

51. 社会工作者小孙正在设计一份社区志愿者能力建设效果的调查问卷。下列问题和答案的设计中，能够准确测量社区志愿者态度的是（　　）。
   A. 您对社区志愿者培训的效果满意吗？①非常满意；②比较满意；③一般；④比较不满意；⑤非常不满意
   B. 您注册过志愿者吗？①是；②否
   C. 过去半年，您参加过几次志愿者培训？①1~2次；②3~4次；③5~6次；④7次及以上
   D. 志愿者能力建设项目让大多数优秀志服者的服务水平得到提升，您觉得对您的帮助大吗？①很大；②一般；③很小；④无；⑤不清楚

52. 在社会工作研究中，个案研究侧重于（　　）。
   A. 使用问卷调查收集资料 B. 对特定行为或问题进行探索研究
   C. 对研究发现进行推论 D. 对访问结果进行数据统计

53. 根据《社会救助暂行办法》，公安机关工作人员在执行公务时发现流浪、乞讨老年人的，应当将其引导、护送到（　　）。
   A. 养老院 B. 福利院
   C. 应急管理部门 D. 救助管理机构

54. 根据《女职工劳动保护特别规定》，关于女职工产假的说法，正确的是（　　）。
   A. 女职工怀孕未满4个月流产的，享受7天产假
   B. 女职工怀孕满4个月流产的，享受28天产假
   C. 女职工生育多胞胎的，每多生育1个婴儿，增加产假7天
   D. 女职工难产的，增加产假15天

55. 根据《中华人民共和国残疾人保障法》，残疾人康复工作以（　　）为基础。
   A. 医院康复 B. 家庭康复
   C. 社区康复 D. 社会康复

56. 下列不属于《中华人民共和国老年人权益保障法》内容的是（　　）。
   A. 家庭赡养与扶养 B. 社会保障
   C. 参与社会发展 D. 全民医疗

57. 根据《中华人民共和国民法典》，关于离婚后父母与子女之间关系的说法，错误的是（　　）。
   A. 关系不因父母离婚而消除
   B. 和直接抚养方完全存在，和间接抚养方消除
   C. 父母对于子女仍有抚养和教育的权利和义务

D. 2周岁以前的子女，以由母亲直接抚养为原则

58. 根据《中华人民共和国劳动法》，用人单位由于特殊原因需要延长工作时间的，经与工会和劳动者协商后，每日延长工作时间的最长小时数为（　　），每月延长工作时间的最长小时数为（　　）。

　　A. 1小时，15小时　　　　　　　　B. 2小时，18小时
　　C. 3小时，36小时　　　　　　　　D. 4小时，72小时

59. 根据《工伤保险条例》，下列情形中，应认定为工伤或视同工伤的是（　　）。

　　A. 小张常常酗酒，酒后跟人发生摩擦，造成重伤
　　B. 小佟出差期间，意外发生车祸
　　C. 小燕跟男朋友分手，精神恍惚，发生车祸
　　D. 小蓝因工作压力过大跳楼致残

60. 某基金会拟申请认定为慈善组织。根据《慈善组织认定办法》，该基金会慈善组织认定中，其申请应当经（　　）表决通过。

　　A. 发起人　　　　　　　　　　　　B. 理事会
　　C. 监事会　　　　　　　　　　　　D. 秘书处

二、多项选择题（共20题，每题2分。每题的备选项中，有2个或2个以上符合题意，至少有1个错项。错选，本题不得分；少选，所选的每个选项得0.5分）

61. 周某曾是一名运动员，由于车祸失去了双腿。身体恢复后，周某的情绪一直很低落，觉得生活没有任何意义，活下去除了痛苦什么都没有了，因此服用了大量安眠药，幸亏被家人及时发现，挽回了他的生命。周某的父母找到社会工作者寻求帮助，社会工作者应开展的工作包括（　　）。

　　A. 心理健康服务　　　　　　　　　B. 就业服务
　　C. 康复服务　　　　　　　　　　　D. 社会救助
　　E. 医疗社会工作

62. 根据国际惯例，下列属于社会工作专业伦理守则内容的有（　　）。

　　A. 社会工作者对同事的伦理责任　　B. 社会工作者对子女的伦理责任
　　C. 社会工作者对社会的伦理责任　　D. 社会工作者对机构的伦理责任
　　E. 社会工作者对父母的伦理责任

63. 社会工作者对社会的伦理责任主要包括（　　）。

　　A. 社会福利　　　　　　　　　　　B. 社会行动
　　C. 公众参与　　　　　　　　　　　D. 公共紧急事件
　　E. 社会政策

64. 阿美35岁时经人介绍嫁给了同龄的丈夫，婚后第4年生下女儿妞妞，但她的丈夫一直想要一个儿子，对妻女漠不关心。阿美身体不好，便辞职在家专心照顾孩子，全家生活来源都依靠丈夫的工资。女儿出生半年以来，丈夫常常愁眉不展，尤其是半夜听到妞

妞的哭闹声，就会大发雷霆怒摔东西，并对阿美破口大骂。看着弱小的女儿，阿美整日担惊受怕，情绪也很不稳定，感到非常无助。根据中年阶段的主要特征，阿美面临的主要问题有（　　）。

　　A. 因孩子营养不良产生愧疚感　　　B. 丈夫进入更年期
　　C. 家庭负担重及身心压力增大　　　D. 来自丈夫的家庭暴力行为
　　E. 焦虑抑郁不安等情绪的困扰

65. 随着互联网的普及和智能产品的发展，学龄前儿童过度依赖电子产品的现象较为普遍，影响了儿童的身心健康。针对这一问题，社会工作者宜开展的工作有（　　）。

　　A. 引导儿童积极参加户外活动
　　B. 建议家长禁止儿童使用电子产品
　　C. 组织社区内的家庭开展亲子阅读活动
　　D. 建议政府禁止商家线上销售儿童电子产品
　　E. 建议家长与儿童约定电子产品的使用时长

66. 个案工作中，社会工作者收集与服务对象问题有关的资料时，既要关注服务对象的个人情况，又要关注服务对象所处的周围环境。其中，个人资料包括（　　）。

　　A. 服务对象的家庭情况　　　B. 服务对象的学习环境情况
　　C. 服务对象的心理情况　　　D. 服务对象的社会情况
　　E. 服务对象的生理情况

67. 初二学生小强因父母以吹唢呐为生，常常被同学叫"小喇叭"，他特别愤怒，甚至为此与同学打架。父母的职业让小强感到自卑，他时不时与父母发生争吵，性格变得越发孤僻。小强的父母觉得自己很辛苦却不被儿子理解，非常苦恼，向社会工作者小钱求助。小钱在策划个案服务方案时，为了明确服务对象范围，正确的做法有（　　）。

　　A. 以小强为主提供服务　　　B. 以小强的父母为参与者
　　C. 以喊他绰号的同学为参与者　　D. 以学校校长为参与者
　　E. 以小强的邻居为参与者

68. 社会工作者开展个案工作时，在问题预估和分析阶段的工作重点有（　　）。

　　A. 收集服务对象个人资料和环境资料
　　B. 对服务对象问题进行全方位的诊断
　　C. 倾听服务对象的要求并建立专业关系
　　D. 对服务对象问题进行横向和纵向的分析和预估
　　E. 鼓励并增强服务对象改变问题的信心

69. 关于社会工作小组工作特点的说法，正确的有（　　）。

　　A. 小组组员问题的共同性或相似性
　　B. 强调小组组员的民主参与
　　C. 创造相互帮助、共同成长的学习机会
　　D. 注重团体的动力
　　E. 打造社会支持网络

70. 影响小组大小的因素包括（   ）。
    A. 小组目标
    B. 小组类型
    C. 组员的社会背景
    D. 组员的学历
    E. 组员的成熟度

71. 在某小组活动的经验分享环节中，组员们在社会工作者小蔡的引导下，积极参与讨论与分享，但小蔡发现组员小丽很少表达自己的想法。此时，小蔡较适宜的表达有（   ）。
    A. "小丽，小组是属于我们大家的，为什么你总是不说话呢？"
    B. "现在小组中有人一直不说话，我们可否花5分钟讨论一下这个问题呢？"
    C. "小丽，我们一直期待你告诉我们你的想法，为什么你还是不说话呢？"
    D. "有些较少发言的组员可能有很好的想法，小丽，可否谈谈你的想法？"
    E. "下面做一个活动，请那些很少分享的组员准备好，我们会邀请各位分享。"

72. 社会工作者小王为某易地搬迁安置社区制作社区资源分析表。下列针对社区资源的分析中，属于物力资源的有（   ）。
    A. 社区党群服务中心不同楼层的功能区规划较为合理
    B. 社区有几位返乡大学生，曾经协助开展过社区活动
    C. 社区服务设施完备，无障碍坡道和扶手设置符合相关建设标准
    D. 社区内老年人和儿童较多，能够提供支持的中青年人相对较少
    E. 社区的活动经费有限，此前也没有向公益慈善组织申请过赞助

73. 某社会工作机构计划进入某老旧小区开展综合服务。在进入社区阶段，为了让社区认识自己，与社区建立良好的关系，社会工作者可以（   ）。
    A. 参加社区在节假日举办的活动，争取亮相
    B. 与同事互相了解，建立默契
    C. 出面主办一些社区活动，邀请居民和其他社区团体参加，借此宣传机构的服务
    D. 不定期出版工作简报，并利用微博、微信等互联网平台及时发布动态信息
    E. 采取登门拜访的方式，接触居民骨干或潜在的服务对象

74. 方案的评估一般采用（   ）。
    A. 过程评估
    B. 结果评估
    C. 绩效评估
    D. 分段评估
    E. 效果评估

75. 企业捐款的动机包括（   ）。
    A. 外界影响
    B. 公共关系
    C. 自我利益
    D. 社会联谊
    E. 市场营销

76. 社会工作者小李计划向某社区基金会申请项目资助。在项目申请书中，小李应说明的内容有（   ）。
    A. 申请项目的意义
    B. 项目可能达到的预期效果

C. 项目预算构成和经费使用途径　　D. 基金会的评委构成及其资助偏好

E. 向资助方及相关人士的交代方法

77. 社会工作者小李选取某社区作为个案,以分析社区治理的特征、机制和模式等内容。关于这项研究的说法,正确的有(　　)。

A. 该研究的资料可以是某社区治理的新闻报道

B. 该研究可以尝试建构本土化的社区治理理论

C. 对该研究的资料收集处理相对容易,并便于比较分析

D. 该研究可以梳理某社区的发展历史及其治理特点

E. 某社区的社区治理模式可以复制推广到其他社区

78. 社会工作者小赵对社区内老年人进行居家养老服务需求调查。下列封闭式问题中,满足穷尽性和互斥性要求的有(　　)。

A. 您的年龄是? ①60~69岁; ②70~79岁; ③80~89岁; ④90岁及以上

B. 您和谁一起生活? ①配偶; ②子女; ③住家保姆

C. 您对居家养老服务的现状满意吗? ①非常满意; ②比较满意; ③满意

D. 您使用过居家养老服务吗? ①使用过; ②没有使用过

E. 您每月可支配的收入是多少? ①1 000元及以下; ②1 001元到3 000元; ③3 001元到5 000元; ④5 001元及以上

79. 我国有关法律规定,劳动争议的处理程序包括(　　)。

A. 协商　　　　　　　　　　B. 调解

C. 仲裁　　　　　　　　　　D. 诉讼

E. 赔偿

80. 根据《中华人民共和国老年人权益保障法》,关于家庭赡养的说法,正确的有(　　)。

A. 赡养人应当照顾老年人的特殊需要

B. 赡养人放弃继承权可以不履行赡养义务

C. 赡养人不得强迫老年人居住条件低劣的房屋

D. 对生活不能自理的老年人,赡养人应当承担照料责任

E. 老年人养老以居家为基础,家庭成员应当尊重、关心和照料老年人

考前冲刺试卷(四)

一、单项选择题(共60题,每题1分。每题的备选项中,只有1个最符合题意)

1. 党的二十大报告指出,"增进民生福祉,提高人民生活品质",在宏观层面上为我国社会工作的发展指明了方向。根据党的二十大精神,在保障和改善民生方面,更能发挥社会工作专业优势的服务是(　　)。

A. 为困难群体提供社会服务　　B. 为学龄前儿童提供环保教育
C. 为患病人士提供治疗咨询　　D. 为大学生群体创造就业机会

2. 某社会工作服务机构的社会工作者联系了街道辖区内的医生、护士、营养师、康复治疗师等，为老人提供医疗康复服务；协调辖区内某单位食堂为老人提供配餐服务。上述做法最能体现社会工作（　　）的特点。
A. 注重专业实践　　　　　　B. 多方协同
C. 注重专业价值　　　　　　D. 促进发展

3. 下列做法中，能够促进社会工作服务对象实现自身发展的是（　　）。
A. 社会工作者春节期间探访低收入家庭
B. 社会工作者雨雪天为流浪乞讨人员发放衣物
C. 社会工作者深夜在网吧开展青少年外展服务
D. 社会工作者为失业青年开办就业能力提升培训班

4. 关于社会工作维持社会秩序功能的说法，正确的是（　　）。
A. 社会工作倾向于通过权力来化解社会的矛盾
B. 社会工作运用行政管理技术来解决社会冲突
C. 社会工作通过专业的服务实现社会治理的效果
D. 社会工作只运用自上而下的专业系统解决问题

5. 随着社会的发展，社会工作的对象范围也发生变化。下列人群中，属于社会工作的扩大对象的是（　　）。
A. 离婚妇女　　　　　　　　B. 残障人士
C. 孤寡老人　　　　　　　　D. 孤儿

6. 学校社会工作者小兰正在开展一项困难大学生助学项目的反馈调查，以求能够更好地推进相关工作。小兰利用深度访谈记录、问卷调查结果、项目服务记录等资料，分析困难大学生对该助学项目的认识和看法，并提出完善建议。小兰的上述做法中，体现的间接服务角色是（　　）。
A. 资源筹措者　　　　　　　B. 行政管理者
C. 倡导者　　　　　　　　　D. 关系协调者

7. 社会工作者小陈了解到住院患者王大爷生活困难并且与儿子多年不来往的情况后，做了以下几项工作：①经常和王大爷聊天，鼓励他配合治疗；②积极与医院协调，减免了王大爷的部分医疗费用；③与王大爷的儿子联系，帮助改善父子关系。根据上述内容，小陈的工作属于（　　）。
A. 社会康复服务领域　　　　B. 矫正社会工作领域
C. 心理健康服务领域　　　　D. 医务社会工作领域

8. 社区工作者小彭在探访中发现，80岁的独居老人刘奶奶走路一瘸一拐。经再三询问，刘奶奶才说是夜里上厕所时不小心摔了一跤，已经去医院看过了，没大问题，让小彭不用操心。刘奶奶叮嘱小彭千万不要告诉在外地工作的儿子，以免让他担心。面对上述情况，小彭适宜的做法是（　　）。

A. 为确保刘奶奶的生命安全，将此事私下告知刘奶奶儿子

B. 将刘奶奶摔倒一事作为案例提醒社区其他老人注意安全

C. 答应刘奶奶的请求，对这件事情保密且不再过问和介入

D. 征求刘奶奶同意，邀请专业人士上门评估居家安全风险

9. 社会工作者老张在与服务对象小王会谈时得知，小王近期失业了，无力偿还房贷，生活压力很大。小王向老张表示活着真没意思，透露出自杀的想法，还准备购买安眠药，并要求老张为其保密。此时，老张在服务中首先应当遵循社会工作伦理原则中的（　　）。

A. 保护生命原则　　　　　　　　B. 隐私保密原则

C. 最小伤害原则　　　　　　　　D. 差别平等原则

10. 服务对象老张失业4年，家境困难，最近他想在社区里开一家快餐店，但因体检时被查出有甲肝，不能办理健康证明。于是，老张找到社会工作者小王，想让小王替他去体检并保守秘密。对此，小王正确的做法是（　　）。

A. 替老张保守秘密，找人帮他开具健康证明

B. 与老张探讨隐瞒的风险，鼓励他先积极治疗

C. 与老张探讨隐瞒的风险，找人帮他开具健康证明

D. 婉拒替老张体检的要求，对找人帮开证明不置可否

11. 社会工作者小赵的妻子偶然发现自己的同事是小赵的服务对象，便和小赵说要多加关照服务对象。对此，小赵正确的做法是（　　）。

A. 和服务对象讨论是否需要转介

B. 立即把服务对象转介给其他同事

C. 拒绝妻子的要求，继续为服务对象提供服务

D. 答应妻子的要求，对服务对象多加关照

12. 社会工作者："学校领导不尊重学生的兴趣和选择，我没办法开展小组活动了。"

督导："他们怎么不尊重学生的兴趣和选择了？"

社会工作者："他们不允许学生开展一些激烈的对抗性比赛。"

督导："你觉得学校领导这么做的考虑是什么？"

社会工作者："主要为了学生的安全吧。"

督导："那你能在小组工作目标和学校领导关注点之间，找到共同之处吗？"

社会工作者："嗯，看来我的思路有点窄，那我再想想怎么做才能两全其美吧。"

上述对话主要体现了社会工作专业伦理（　　）的作用。

A. 约束社会工作者运用专业方法开展工作

B. 维护合作机构在专业服务中的单方利益

C. 促进社会工作者提供更加适当的服务

D. 确保社会工作者在专业服务中实现个人价值

13. 小丽大学毕业后进入社会工作服务机构工作。由于当地社会工作刚刚起步，社会工作服务机构不多，同行之间互动很少。为了更好地融入这个群体，她报名参加了社会工作者协会主办的继续教育培训班，并注册成为该协会会员。根据马斯洛的需要层次论，小

丽追求的是（　　）的需要。
  A. 安全   B. 归属与爱
  C. 尊重   D. 自我实现

14. 关于同辈群体的说法，正确的是（　　）。
  A. 同辈群体的形成完全是偶然的
  B. 同辈群体在不同社会系统中常扮演相同的角色
  C. 同辈群体由年龄、志趣和行为方式均相同的人组成
  D. 同辈群体对个体的认知、行为和情绪都有直接影响

15. 小李从部队退役后，到某物业管理公司工作。为了尽快适应新的工作岗位，小李认真阅读该公司近五年来的资料，积极参加公司组织的培训，周末还到驻点服务的小区走访，了解居民的具体需求。一年工作下来，小李得到公司领导和居民的一致好评，还被评为"年度优秀员工"。从社会环境对人类行为影响的角度看，小李的做法说明（　　）。
  A. 部队环境让小李有强烈的归属感   B. 部队经历使得小李能够胜任工作
  C. 工作岗位促使小李加强学习实践   D. 小李的主观努力改变着外部环境

16. 小明的父母对他的日常生活照顾非常用心，几乎包揽了一切事务；在学习上对小明非常严厉，要求学习成绩一定要保持在班级前五名，对此小明感到压力很大。小明父母的教养方式属于（　　）。
  A. 娇纵型   B. 支配型
  C. 专制型   D. 放任型

17. 学校社会工作者小王发现他所服务的小学里，有高年级学生向低年级学生索要财物的现象。针对这一问题，小王制定了干预方案，其中属于针对学校进行的干预措施的是（　　）。
  A. 纠正欺负者的攻击性行为
  B. 帮助学生家长改正错误的教养方式
  C. 提升受欺负学生的自信心和社交技能
  D. 指导教师在班级内开展"反欺负行为"班会

18. 心理社会治疗模式注重"人在情境中"的理念，为了促进服务对象社会心理正常发展，社会工作者在服务过程中应重视服务对象（　　）。
  A. 与环境的适应   B. 自我的发展
  C. 以往的生活经验   D. 人生理想的确定

19. 小安性格内向，结婚后与公婆在一起居住，经常与婆婆发生冲突。为此，她很烦恼，感到心理压力很大。社会工作者小刘运用心理社会治疗模式，对小安人格的各部分之间的互动关系进行评估分析。小刘所做的评估是（　　）。
  A. 分类诊断   B. 心理动态诊断
  C. 缘由诊断   D. 非理性信念诊断

20. 小梁失业后一直没有找到工作。为了挣钱养家，他借钱做生意，却遇到诈骗，不但没有挣到钱，反而欠下很多债。小梁觉得无法面对家人，感到生活无望，对未来失去信

心。根据危机介入理论，小梁正处于危机发展的（   ）。

  A. 开始阶段   B. 恢复阶段

  C. 解组阶段   D. 重组阶段

21. 14 岁的小包与姐姐、祖父母一起生活，关系融洽。小包的父亲常年在外地打工，每逢春节才能回家，加上半年前姐姐突发疾病离世，小包心情沮丧，无心学习。小包的爷爷很担心孙子的未来，遂求助社会工作者小邱。小邱在预估判断和问题分析的基础上，着手制订服务计划。小邱的下列做法中，正确的是（   ）。

  A. 鼓励小包参与服务计划的制订过程

  B. 小邱根据自己的技术特长制订计划

  C. 以小包爷爷的想法为重点制订计划

  D. 以尊重小包父亲的意见为主制订计划

22. 社区社会工作者老齐在走访社区高龄老人时，发现 85 岁的秦爷爷有一个 22 岁的孙子小兵一直无所事事。秦爷爷悄悄告诉老齐，小兵游手好闲，还抽烟吸毒，家人都拿他没办法，请老齐帮助小兵。与小兵耐心细致地沟通交流后，老齐证实了秦爷爷的说法。针对上述情况，老齐恰当的做法是（   ）。

  A. 评估小兵问题严重性   B. 告诉秦爷爷自行解决此问题

  C. 为小兵拟订服务计划   D. 将小兵转介给禁毒社会工作者

23. 服务对象："我们两口子总吵架，他从来不管家里的事，也不花心思在孩子身上，还常常找借口不回家，要不是为了孩子，我们早就离婚了。可是，近来连孩子也嫌我烦，对我不理不睬的，我的心都伤透了。为什么都不理解我呢？"

  社会工作者："我很理解您，您丈夫和孩子对您为家庭的付出不理解，这让您很伤心、很烦恼。"

  上述对话中，社会工作者运用的技巧是（   ）。

  A. 对质   B. 澄清

  C. 同理心   D. 重构

24. 个案会谈是社会工作者与服务对象进行的有目的的专业谈话。下列关于个案会谈的说法，正确的是（   ）。

  A. 个案会谈无法提前预设目标

  B. 个案会谈没有环境与空间的限制

  C. 个案会谈是时间及主题上有机的互动过程

  D. 个案会谈中社会工作者可以自由地谈论问题

25. 服务对象吴先生对社会工作者小王说："我妻子总说我不花时间陪她和儿子，我知道应该多陪陪他们，但是我工作太忙了，真的是没有时间，我也觉得很不好。"此时，考虑到吴先生已多次表达类似的想法，但没有任何改变，小王打算运用对质的技巧。下列回应中，体现该技巧的是（   ）。

  A. "您先前多次提到了，想多花点时间来陪伴家人，那您有做过什么努力吗？"

  B. "您的意思是，您当前还不能平衡您工作和家庭之间的关系，是这样吗？"

C. "您说想花时间陪伴家人,实际还是把更多的时间放在工作上,您怎么看?"
D. "您有没有想过,如果您一直没时间陪伴家人,您与家人的关系会越来越差。"

26. 为帮助应届大学生顺利找到工作,学校社会工作者小王最近为即将毕业的大学生开设了一个小组,组员们在小组中将学习制作简历和面试等就业技巧。该小组工作类型是(   )。
   A. 教育小组   B. 支持小组
   C. 治疗小组   D. 成长小组

27. 关于小组工作互动模式的说法,正确的是(   )。
   A. 聚集人的潜能,提升组员的社会功能
   B. 注重社会变迁,培养组员的社会责任
   C. 聚焦解决个人的社会适应问题,改变个人的社会行为
   D. 强调人与环境和人与人之间的关系,增强组员的社会交往能力

28. "通过前几次的小组活动,我们大家都达成了共识,尽管父母的教育方式可能不当,但他们始终是爱我们的,他们是我们最信任的人。大家也都认为,因为一时的冲动,向自己父母说狠话、说重话是不对的。那么今天,我们就要想想办法,如何克制自己的冲动,改善与父母的沟通。"社会工作者的这段话最有可能出现在小组的(   )。
   A. 开始阶段   B. 转折阶段
   C. 成熟阶段   D. 结束阶段

29. 在某儿童家庭照顾者小组组员招募过程中,社会工作者小范正对组员候选人进行遴选和评估。通过梳理总结,小范发现候选人希望通过小组活动学习儿童心理健康知识、儿童兴趣爱好培养的方法和儿童家庭照顾技巧等内容。上述内容主要体现了小组工作组员遴选和评估的(   )要件。
   A. 文化水平   B. 共同的兴趣或愿望
   C. 家庭状况   D. 对某些问题的认知

30. 社会工作者针对社区居民关心的养狗和环境卫生等问题举办了"社区议事"小组活动。在小组活动中,社会工作者以发展模式为实践基础,鼓励社区居民说困难、谈建议。上述做法主要体现了发展模式的(   )原则。
   A. 平等性   B. 开放性
   C. 积极参与   D. 建构性

31. 在某小组活动中,社会工作者小张发现组员小菲性格内向,从不主动发言。小张每次在小组活动时,都会寻找合适的机会引导小菲发言。小菲发言时,小张会投以温暖和支持的目光,并不时地点头,有时还说:"嗯,不错!"上述过程中,小张采用的技巧是(   )。
   A. 鼓励   B. 重述
   C. 摘述   D. 聚焦

32. 社会工作者小张在社区举办了"社区工作者能力建设"小组。在小组开展工作过程中,大家围绕老年志愿者队伍培育展开了激烈讨论,一部分社区工作者认为社区工作繁

重，老年人又有突发疾病和跌倒等风险，这项工作应暂时放一放；另一部分社区工作者认为老年志愿者队伍的培育可以促进社会互助，建设关怀社区。双方争论不休，都希望小张能支持自己的观点。这时，小张宜采取的做法是（　　）。

  A. 不做决断，提供资料信息，分析利弊

  B. 及时切断问题讨论，适时转移话题

  C. 鼓励比较内向和害羞的成员发言

  D. 让小组成员轮流发言，阐述自己的观点

33. 在某次"职击未来"青年职业生涯规划小组活动中，组员小戴和小周在分享求职经历时讨论激烈，争执不下。小戴认为确定求职方向后就应坚持不懈，小周则认为多次求职未果后应果断调整方向。对此，社会工作者老马及时介入，协助两人澄清各自的观点并解释二者之间的差异。上述老马的做法，体现出在该小组阶段社会工作者的任务是（　　）。

  A. 处理抗拒行为   B. 协助组员重新构建小组

  C. 协调和处理冲突   D. 形成相对稳定的小组关系结构

34. 社会工作者小魏面向本社区的商户开展了一系列宣传工作，动员他们为社区内行动不便的居民提供上门服务。小魏的做法体现出的社区工作的具体目标是（　　）。

  A. 培养民主精神   B. 尊重社区自决

  C. 善用社区资源   D. 提高居民能力

35. 社会工作者在某村以发展社区经济为切入点，组织村民成立合作社，种植有机农作物。在工作过程中，社会工作者注重提升村民的自信心，鼓励其分享经验，提高村民协商议事的能力。从地区发展模式的角度看，社会工作者扮演的角色是（　　）。

  A. 中介者   B. 倡导者

  C. 使能者   D. 协调者

36. 关于社会策划模式特点的说法，正确的是（　　）。

  A. 相信社区居民能够通过讨论协商，互助合作解决社区问题

  B. 强调运用专业知识和科学决策，自上而下地推动社区改变

  C. 重视动员亲戚、朋友、邻里和志愿者等资源帮助社区困难群体

  D. 致力于帮助居民认识参与的重要性，并愿意承担责任，贡献社区

37. 社会工作者在询问社区居民的公共服务需求时，大部分居民反映社区的停车位太少，希望社会工作者与辖区单位协商，借用该单位的地下停车场解决夜间停车问题。根据布赖德·肖的需要类型，该社区居民的上述需要属于（　　）。

  A. 感觉型需要   B. 表达型需要

  C. 比较型需要   D. 规范型需要

38. 在整合式社区照顾体系中，社会工作者致力于通过整合正式照顾和非正式照顾资源，帮助服务对象增强社会支持网络。下列做法中，属于正式照顾服务的是（　　）。

  A. 为家庭照顾者提供"喘息"服务

  B. 动员服务对象的亲朋好友提供支持

C. 培训志愿者为独居老人提供清洁服务

D. 帮助相似的服务对象成立互助小组

39. 社会工作者计划在某社区开展专业服务，他们访问了5位在社区居住了20年以上的老年人，以了解当地传统习俗和居民生活习惯。社会工作者这样做的目的是分析社区的（　　）。

　　A. 人口结构　　　　　　　　　　B. 权力结构

　　C. 文化特色　　　　　　　　　　D. 人力资源

40. 社会策划模式的实施策略强调完整地执行一个策划过程，在完成"了解服务机构使命和目标"这一工作步骤后，需要对环境和形势进行分析，其分析的重点内容应是（　　）。

　　A. 社会工作服务机构的优点和不足　　B. 现行服务手段的利与弊

　　C. 社区需求的界定和评估　　　　　　D. 方案面对的机会和挑战

41. 社会工作者老陆发现，社区居家养老志愿者服务队队长沈大爷有时候不能及时将老人的需求变化反馈给志愿者，造成双方的不便。老陆向沈大爷了解情况，得知他最近因忙于安排协调服务队志愿者的工作，有些顾此失彼。从居民骨干培养的角度看，老陆应该帮助沈大爷（　　）。

　　A. 提升民主协商能力　　　　　　B. 学习资源动员技巧

　　C. 增强行政管理能力　　　　　　D. 灌输当家做主理念

42. 为了帮助受灾家庭子女恢复正常的学习生活，社会工作者小张按照"认识现有的问题—界定问题—探索可行的解决方法—认识各种可能的限制—选取解决办法—设计完整的计划—发展评估计划"的过程开展服务方案策划工作。小张采用的社会服务策划形式是（　　）。

　　A. 战略性策划　　　　　　　　　　B. 问题解决策划

　　C. 创新性策划　　　　　　　　　　D. 方案发展策划

43. 社会工作者小李发现社区内的个别家庭存在虐待老年人现象。针对该问题，小李要制定一个合理有效的服务方案，他首先进行了问题分析，如下图所示。

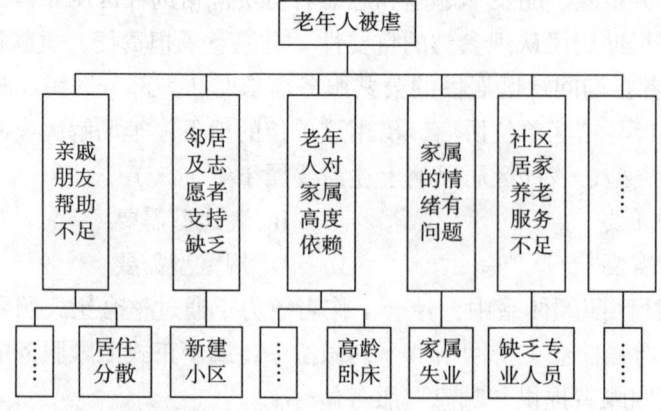

小李运用的认识和分析问题的方法是（　　）。

A. 分支法 B. 问题认识工作表法
C. 分层法 D. 问题认识工作图法

44. "不再慌糖"是某社区健康服务中心专为老年糖尿病患者提供的服务项目。该项目由社会工作者、退休党员、护士组织发起。项目运行半年后，又有几位心理咨询师、医生和瑜伽教练加入该工作团队。该项目的团队结构类型是（　　）。

A. 问题解决型团队 B. 跨专业团队
C. 医疗服务团队 D. 老人互助团队

45. 随着志愿者参与机构服务类型与方式的多样化，社会工作服务机构应更好地规范志愿者的责任和权利。从志愿者管理工作的发展与设计角度看，机构应完成的工作是（　　）。

A. 制定志愿者服务动机评估方案
B. 编写志愿服务工作说明书
C. 规范志愿服务档案
D. 完善志愿者表彰办法

46. 小刘是一名刚参加工作的社会工作者，负责居家养老服务。他满怀热情投入工作，却在几次入户访问时吃了闭门羹，还有一些老人抱怨现有服务不够细致周到，这让小刘有些沮丧且不知所措。针对这种情况，督导第一时间应采取的做法是（　　）。

A. 讲解居家养老的有关政策
B. 介绍老年人的认知特征
C. 给予关怀并处理负面情绪
D. 分析服务效果不佳的原因

47. 某社会工作服务机构总干事在每周一主持召开由各部门负责人参加的例会上，一般会在布置完各部门的工作后，强调各部门分工合作的重要性。该总干事的这项工作属于社会工作服务机构运作中的（　　）。

A. 授权 B. 培训
C. 评估 D. 协调

48. 关于问卷调查的说法，正确的是（　　）。

A. 一份调查问卷中的问题数量越多，问卷调查的质量越好
B. 在解释性研究中，问卷问题的设计应围绕研究假设展开
C. 框图法先记录零星具体的问题，然后按照逻辑顺序整理
D. 受时间、地点和对象变化的影响，测量的结果必然不同

49. 社会工作者小方正在进行一项定性研究，探索失业对家庭关系的影响。在开展研究时，小方必须（　　）。

A. 从关于失业和家庭关系的理论出发，形成研究假设
B. 在走访时保持价值中立，排除自身的影响
C. 随着对研究对象了解的加深，进一步修改和完善研究设计
D. 保证研究结果具有普遍意义

50. 以下是某城市发放的关于家庭的调查问卷的封面信内容。

> 尊敬的居民：
>
> 　　您好！我们正在进行一项有关家庭生活质量和社会服务方面的调查。每一个家庭都希望能幸福、美满地生活，并对社会做出贡献，您的希望也是我们的愿望。但每个家庭都会面临这样那样的困难，也需要各种帮助和支持。我们的调查正是为了征求您的意见，了解您的需求，为下一步制定相关政策和服务方案提供依据。访问结果将会绝对保密，请不必有任何顾虑。
>
> 　　希望得到您的支持和合作。谢谢！
>
> 某市城市调查研究中心
2024 年 4 月

　　根据封面信内容设计要求，以上封面信缺少的是（　　）。
　　　A. 研究机构和保密原则　　　　　　B. 调查者身份和研究机构
　　　C. 保密原则和对象选择方法　　　　D. 对象选择方法

51. 问卷调查中，问题和答案的设计需要注意多方面的细节。下列设计中，正确的是（　　）。
　　　A. 您是否愿意成为业主委员会或筹备组成员？①愿意；②不愿意
　　　B. 您对社区养老服务满意吗？①非常满意；②比较满意；③一般；④比较不满意；⑤非常不满意
　　　C. 前不久本小区发生了入室偷窃事件，您觉得社区治安状况如何？①安全；②基本安全；③不安全
　　　D. 您认为社区治安不好的原因是什么？①没有管理好；②对犯罪分子没有严打；③社会风气不好

52. 某社会工作者计划运用个案研究法开展研究工作。在资料收集过程中，该社会工作者正确的做法是（　　）。
　　　A. 以多种手段来收集资料，记录研究对象的多元资料
　　　B. 在研究前建构研究假设，为资源收集提供准确指引
　　　C. 在资料收集中积极互动，引导研究对象的正面行为
　　　D. 以生活工作阅历为基础，解剖研究对象的主观感受

53. 根据《职工带薪年休假条例》，用人单位确因工作需要不能安排职工休年休假的，对职工应休未休的年休假天数，用人单位应当按照该职工日工资收入的（　　）支付年休假工资报酬。
　　　A. 100%　　　　　　　　　　　　B. 150%
　　　C. 200%　　　　　　　　　　　　D. 300%

54. 老秦因年老体弱，将村里分给他的一块农地交由大儿子小刚和小儿子小力耕种。后来小力外出打工，小刚独自耕种。根据《中华人民共和国老年人权益保障法》，该地的收益应归（　　）。

A. 村集体和老秦共同所有 B. 小刚所有
C. 小刚和小力所有 D. 老秦所有

55. 根据《关于进一步完善城乡医疗救助制度的意见》，下列人员中，不属于医疗救助对象的是（   ）。

A. 低保家庭成员丁某 B. 身患尿毒症的某厂退休职工老赵
C. 五保户李老太 D. 低收入家庭中患精神病的王某

56. 某集中使用残疾人的用人单位现有在职职工100人，根据《残疾人就业条例》，该单位在职职工中从事全日制工作的残疾人职工最少应为（   ）人。

A. 10 B. 15
C. 25 D. 30

57. 村民任某丧夫，育有一子小君。任某与小君的爷爷、奶奶共同居住，共同照料小君。后来任某改嫁邻村王某，小君的爷爷、奶奶不允许任某将小君带走，要求自行监护。关于小君监护权的说法，正确的是（   ）。

A. 爷爷、奶奶对小君有优先监护权
B. 任某因再婚对小君不再有监护权
C. 任某对小君的监护权不因其再婚而改变
D. 任某对小君是否具有监护权要依小君是否改姓而定

58. 《关于大力培育发展社区社会组织的意见》提出，要加大对社区社会组织的培育扶持力度，加快发展生活服务类、（   ）和居民互助类社区社会组织。

A. 科技类 B. 公益慈善类
C. 行业协会商会类 D. 法律类

59. 小李与所在单位因劳务合同发生劳动争议。关于双方解决劳动争议的说法，正确的是（   ）。

A. 双方不愿协商的，可以向调解组织申请调解
B. 双方调解不成的，小李可以直接向人民法院提起诉讼
C. 双方对仲裁裁决不服的，可以请工会进行再次仲裁
D. 双方达成和解协议后不履行的，可以向劳动人事争议仲裁委员会申请仲裁

60. 小宇大学毕业后，当年7月到某银行工作。次年3月，因经济危机，小宇被银行辞退，随即办理失业登记，并积极求职。工作期间，银行和小宇按规定缴纳了9个月的失业保险费。根据《失业保险条例》，小宇（   ）。

A. 可领取9个月失业保险金 B. 可领取6个月失业保险金
C. 可领取3个月失业保险金 D. 不能领取失业保险金

二、多项选择题（共20题，每题2分。每题的备选项中，有2个或2个以上符合题意，至少有1个错项。错选，本题不得分；少选，所选的每个选项得0.5分）

61. 小李因交通事故致残，日常生活离不开轮椅，整天待在家里不愿意出门。得知小

李的情况后，社会工作者主动上门探访，鼓励他走出家门到社区服务中心参加活动，还让手工编织小组组长张阿姨邀请小李加入，学习相关技艺。一段时间后，小李逐渐融入了社区生活。从社区照顾模式角度看，社会工作者扮演的角色有（　　）。

  A. 教育者   B. 使能者
  C. 倡议者   D. 治疗者
  E. 经纪人

62. 关于社会工作个别化原则的说法，正确的有（　　）。
  A. 社会工作者应当尊重服务对象的个体差异，不应当使用一般或统一的服务方法回应他们的独特需要
  B. 社会工作者要充分考虑到服务对象在性别、年龄、职业、社会地位、政治信仰、宗教以及精神或生理残疾状况等方面存在的价值差异
  C. 尊重个性化需求，充分挖掘个人潜能是社会进步的标志之一
  D. 不同的社会工作方法在应用个别化原则时没有区别
  E. 不同的社会工作方法在应用个别化原则时应有所区别

63. 某老年医院的社会工作者小李与处于癌症晚期的85岁严大爷建立了信任的工作关系。有一天，小李在与严大爷的谈话中无意得知他有自杀念头，想通过自杀摆脱病痛折磨，不再拖累子女。面对这种危机情况，小李应当（　　）。
  A. 根据保护隐私原则，为严大爷保守秘密
  B. 根据案主自决原则，不对严大爷的自杀企图进行干预
  C. 与严大爷面谈，了解他目前的苦恼和生活状况
  D. 与严大爷家属联系沟通情况
  E. 通过医院等有关部门采取特殊监护措施

64. 李娜的父母感情很融洽，因此，李娜一直生活在温馨和民主的家庭气氛中。在不考虑其他因素影响的情况下，李娜具有的行为特征可能有（　　）。
  A. 意志薄弱   B. 有创造力
  C. 适度从众   D. 有责任感
  E. 有良好的人际关系

65. 早衰综合征是中年人常见的身心疾病，在生理、心理两个方面均有所表现。中年人早衰的原因包括（　　）。
  A. 工作压力大   B. 家庭负担重
  C. 情绪低落   D. 不良的生活习惯
  E. 运动过度

66. 初中生小惠的父母平时工作忙，对其关心较少。进入青春期后，小惠变得上课不能集中注意力，缺课较多，经常与老师发生矛盾。小惠的父母得知情况后，向社会工作者求助。根据小惠的情况，社会工作者拟用心理社会治疗模式对其进行干预。下列方法中，属于直接治疗的有（　　）。
  A. 帮助小惠学习放松技巧以控制情绪波动

B. 与学校班主任和教导主任商讨对小惠行为问题的处理方法

C. 帮助小惠回顾过去的经验，增强她面对和克服困难的勇气

D. 帮助小惠的父母检讨管教小惠的方法，帮助他们了解青少年的心理

E. 帮助小惠了解个人与环境之间的互动关系，增进小惠对问题的认识

67. 住在某养老院的张奶奶因财产问题与子女发生矛盾，为此她向院内社会工作者小赵求助。在申请与接案阶段，小赵适宜的做法有（　　）。

    A. 深入评估张奶奶的问题　　　　B. 与张奶奶建立专业关系

    C. 收集张奶奶的有关资料　　　　D. 让张奶奶了解养老院职责范围

    E. 明确张奶奶的服务期待和要求

68. 社会工作者老谭的服务对象小安是一名事实无人抚养儿童，目前寄养在亲戚家，由于之前在原生家庭遭受过家庭暴力，造成心理创伤，学校老师将小安转介给社会工作者老谭。老谭在评估中发现，最近小安又被医生诊断为儿童糖尿病，亲戚也不知道如何照顾他。老谭在服务中安排小安参加有针对性的游戏活动，缓解其因以往经历引发的问题；为小安的亲戚讲解照顾注意事项，发放儿童糖尿病的知识手册，并联系社区医生，提供疾病管理指导。上述服务中，社会工作者扮演的角色有（　　）。

    A. 教育者　　　　　　　　　　　B. 治疗者

    C. 倡导者　　　　　　　　　　　D. 联系人

    E. 使能者

69. 小组工作准备阶段前期性的物质准备包括（　　）。

    A. 小组活动场地的选择　　　　　B. 活动所需的座位安排

    C. 活动场地的时间安排　　　　　D. 活动所需的人员安排

    E. 活动所需的设施准备

70. 某青少年控烟小组临近结束，社会工作者对组员在认知和行为上的积极变化予以肯定和鼓励；同时与组员家长沟通，指导家长协助保持组员的积极变化；还计划在未来6个月，到组员家中进行家访。其中，属于社会工作者协助组员保持小组经验的方法有（　　）。

    A. 模拟练习　　　　　　　　　　B. 树立信心

    C. 寻求支持　　　　　　　　　　D. 处理情绪

    E. 跟进服务

71. 社会工作者小童为社区内的青少年家长开设"亲子沟通"小组。在近几次的小组活动中，李女士与坐在她身旁的张女士、陈女士比较谈得来，不再积极与其他组员一起做活动。当其他组员在分享如何教育子女的经验和体会时，她们三人一直在讨论孩子上哪个学校好。这时，小童适宜的做法有（　　）。

    A. 不予理睬、继续开展小组活动

    B. 重新安排李女士等人的座位

    C. 运用小组程序和练习将次小组分离

    D. 要求李女士等人更多地与其他组员交流

E. 鼓励其他组员形成次小组以增加小组凝聚力

72. 某养老机构在社区新建了一个养老驿站，机构负责人委派社会工作者小李到社区开展前期工作。为了尽快让社区居民认识社会工作者，了解养老驿站的服务，小李适宜的做法有（　　）。

　　A. 参加社区重阳节活动，派发相关宣传资料

　　B. 去社区和老年人聊天，介绍即将开展的工作

　　C. 拜访社区居委会负责人，搞好私人关系

　　D. 举办社会工作者节活动，现场邀请老年人体验驿站服务

　　E. 招募大学实习生，开展问卷调查，了解居民的需要

73. 地区发展模式与社区照顾模式的共同点有（　　）。

　　A. 关注社区共同性问题

　　B. 协助服务对象正常地融入社区

　　C. 过程目标的重要性超过任何目标

　　D. 注重发展社区资源，建立互助关系

　　E. 坚信社区自身有解决问题的责任与能力

74. 社区工作者小云正在招募居民参与社区小花园建设。此时，小云适宜运用的接触技巧有（　　）。

　　A. 通过接触，让居民尽快地了解活动组织方的基本信息

　　B. 清楚告知居民如何联系社区工作者以及如何参与花园建设

　　C. 先和居民"唠家常"，多次接触后，再和居民谈花园建设

　　D. 在与社区居民交流时，让居民尽快地了解谈话的目的

　　E. 以居民关心的问题为切入点，问题解决后再进行广泛招募

75. 社会工作者老王负责社区困境儿童关怀服务项目。在项目结束阶段，老王应该完成的工作有（　　）。

　　A. 将困境儿童监护人纳入服务对象范畴

　　B. 完成每一位困境儿童的服务档案建设

　　C. 调整项目经费预算以合理控制支出

　　D. 反思项目执行过程中对困境儿童产生的影响

　　E. 培训项目工作人员推演整个工作的流程

76. 社会服务机构可以运用的筹资方法有（　　）。

　　A. 举办义卖会

　　B. 向有关政府部门申请项目

　　C. 私人恳请合作过的企业捐款

　　D. 增加服务对象的收费标准

　　E. 招募志愿者或者雇用专门人员电话劝募

77. 关于社会工作研究的特性，正确的有（　　）。

　　A. 研究只是为了促进实务

B. 主要探究困难群体及其议题
C. 注重采用整合审视的研究视角
D. 研究者可以是资料的收集者、分析者和结果应用者
E. 社会工作研究只需要遵守社会工作伦理

78. 定量研究与定性研究具有不同的特性，又相互补充。关于定量研究与定性研究特点的说法，正确的有（   ）。
A. 定性研究注重研究结论的一般性和可推论性
B. 定性研究可在研究过程中逐步形成理论假设
C. 定量研究的资料收集工具可以在研究过程中不断修订
D. 定量研究设计力图尽量排除研究者对研究对象的影响
E. 多角度测量法可整合定量研究和定性研究的不同技术

79. 某校初三学生小勇伙同校外人员多次欺凌同学，情节严重。根据《中华人民共和国未成年人保护法》，该校应当（   ）。
A. 配合相关部门依法处理
B. 依法加强对小勇的管教
C. 将小勇转至特殊教育学校
D. 向教育行政部门报告
E. 向公安机关报告

80. 关于医疗保险制度的说法，正确的有（   ）。
A. 我国实行城镇职工基本医疗保险和城乡居民基本医疗保险制度
B. 城镇职工基本医疗保险费全部由用人单位承担
C. 城乡居民基本医疗保险制度采用个人缴费、集体扶持与政府资助相结合的方式
D. 城镇职工的基本医疗保险基金由统筹账户和个人账户组成
E. 城乡居民基本医疗保险制度是在原来的新型农村合作医疗制度和城镇居民基本医疗保险制度基础上整合而来的

考前冲刺试卷（五）

一、单项选择题（共60题，每题1分。每题的备选项中，只有1个最符合题意）

1. 关于专业社会工作的说法，正确的是（   ）。
A. 科学方法是专业社会工作的目的和手段
B. 助人为乐是专业社会工作的基本特征
C. 弱势群体是专业社会工作的基本对象
D. 促进发展是专业社会工作社会层面的目标

2. 社会工作者小张初次接触有家庭暴力行为的服务对象，心里很害怕、很抗拒，不认可服务对象的行为，但还是继续提供服务，积极帮助服务对象改善行为方式。小张的做法突出体现了社会工作（   ）的特点。

  A. 多方协同   B. 注重专业价值
  C. 双方合作   D. 强调专业方法

3. 小芳失恋后情绪沮丧，几度寻死以求解脱，小芳的母亲向社会工作者大智求助。大智接案后，先安抚小芳的情绪，帮助她打消轻生的念头。从服务对象层面看，大智的做法有助于实现社会工作（　　）的目标。
  A. 解救危难   B. 缓解困难
  C. 促进发展   D. 维护秩序

4. 下列社会工作直接服务中，体现维持社会秩序功能的是（　　）。
  A. 为某失独老人提供上门送餐服务
  B. 为某企业员工提供职业生涯规划辅导
  C. 为某外来务工人员子女提供课外辅导
  D. 为某地社区失业青年提供适合的职业培训

5. 某社会工作服务机构承接了困难居民救助项目，社会工作者小宁在有关部门的指导下与居委会、慈善组织合作，共同为社会救助对象提供精准帮扶服务。小宁的上述工作，体现的社会工作者的核心能力是（　　）。
  A. 促进和使能的能力   B. 在组织中工作的能力
  C. 评估和计划的能力   D. 提供服务和干预的能力

6. 南方某地区由于多日遭受暴雨袭击，洪水泛滥，很多房屋被冲毁，数百户居民无家可归。于是，当地有关部门决定将无家可归的受灾居民暂时安排到其他地区生活。但是，社会工作者发现，这些居民不熟悉新居住地的方言，也不习惯新居住地的生活。对此，社会工作者在开展服务时，应着重考虑（　　）。
  A. 评估服务对象需要   B. 做好服务对象的思想工作
  C. 为服务对象提供必要的生活照顾   D. 为服务对象争取更多资源

7. 社会工作者小尚在走访低保家庭时，患有抑郁症的服务对象老胡告诉小尚，最近自己的父亲因肾功能衰竭需要长期透析，治疗费还无着落，这让家里雪上加霜。小尚研究相关政策和申请流程，协助老胡为父亲申请医疗救助。根据社会工作服务领域的划分，上述小尚的工作属于（　　）。
  A. 精神健康社会工作   B. 优抚安置社会工作
  C. 减灾社会工作   D. 社会救助社会工作

8. 国际社会工作界认同的社会工作价值观中，"待人真诚和守信"指的是（　　）。
  A. 社会工作者应当超越个人利益为他人提供专业的社会服务
  B. 社会工作者追求社会变革，特别是与弱势群体一起努力，并代表他们寻求社会变革
  C. 社会工作者对每个人都给予关心和尊重，意识到个体的差异和文化及种族上的多元性
  D. 社会工作者始终意识到专业的使命、价值观、伦理原则和伦理标准，并有效地运用它们开展社会服务

9. 作为一个服务人、帮助人的职业从业者,社会工作者在服务过程中更应注重自我反思和换位思考,与服务对象进行良好互动、交流想法、分享感受。上述做法最能体现的社会工作专业价值观是(   )。

    A. 践行社会公平与正义   B. 真诚对待每一位服务对象

    C. 强调服务对象的个人尊严   D. 注重人与人之间关系的重要性

10. 小张是某少年服务机构新入职的社会工作者,在为服务对象小李提供个案服务过程中,遇到了很多困惑和挑战。从社会工作者对服务对象责任的角度看,小张可以将自己的困惑(   )。

    A. 与自己的督导进行交流   B. 与其他机构同行进行交流

    C. 与自己的家人进行交流   D. 在发表文章时引用

11. 社会工作者老赵在社区养老服务中心的服务深受老人的好评,服务对象冯奶奶为表示感谢,给老赵的女儿买了价值 50 元左右的玩具。老赵一再推辞,冯奶奶说,老赵不收就是看不起她,不给她面子。老赵最合适的做法是(   )。

    A. 收下冯奶奶送的玩具,并保守冯奶奶送礼的秘密

    B. 收下冯奶奶送的玩具,在以后的服务中对冯奶奶更加照顾

    C. 拒绝冯奶奶送的玩具,在以后的服务中减少与冯奶奶的互动

    D. 收下冯奶奶送的玩具,买一份价格相近的礼物回送给冯奶奶

12. 某社区矫正机构的社会工作者在对张某的家访过程中发现,他是最近一起盗窃案的作案者。社会工作者最适宜的处理方法是(   )。

    A. 根据保密原则,为张某保密

    B. 劝说张某到公安局自首

    C. 直接向案发地居委会举报

    D. 劝说张某将所盗财物悄悄返还失主

13. 关于阿尔德弗尔 ERG 理论的说法,正确的是(   )。

    A. 人的需要可分为生活的需要、安全的需要和成长的需要

    B. 某种需要在一定时间内对行为起作用,但不强调其层次顺序

    C. 只有低层次的需要满足后,才会追求更高层次的需要

    D. 某种需要在得到基本满足后,其强烈程度会降低

14. 孤独症儿童的家长为应对日常照顾孩子的压力,自发组建了家长互助群,分享照顾经验,相互支持。根据马斯洛的需要层次论,上述情形中,主要体现的家长的需要是(   )。

    A. 生理需要   B. 尊重需要

    C. 归属与爱的需要   D. 安全需要

15. 孙某期望孩子考上名牌大学,因此给孩子报了各种周末补习班,不让孩子插手任何家务事。孙某的教养方式属于(   )。

    A. 民主型   B. 支配型

    C. 冲突型   D. 专制型

16. 社区是社会环境的主要构成要素之一，其对人类行为的影响是（   ）。
    A. 传授科学技术知识   B. 规范个体价值导向
    C. 约束社区成员行为   D. 持续改变成员立场

17. 小学三年级学生小宁个子较小，近几个月来他经常被学校几名高年级同学恐吓勒索。为了寻求保护，他加入了一个"哥们儿"小团体，也开始欺负他人，并从这个过程中获得满足。针对小宁的情况，社会工作者从个体层面应开展的工作是（   ）。
    A. 纠正攻击行为，培养社交技能   B. 强化家校联络，及时实施干预
    C. 加强校园监控，保护学生安全   D. 改善亲子关系，纠正教养方式

18. 林某中考以优异的成绩考入市重点中学，并且中考成绩在全班名列前茅。但是，班主任老师发现林某在高中的学习状况不理想，感觉他学起来很吃力，甚至跟不上大家的进度。社会工作者专门找到林某的班主任，商量如何提高他的学习成绩。社会工作者运用了心理社会治疗模式中的（   ）技巧。
    A. 直接影响   B. 间接治疗
    C. 现实状况反思   D. 心理动力反思

19. 小李因与母亲关系不和向社会工作者小王求助。
    小王："您与母亲关系不好，是什么时候开始的？"
    小李："有很长时间了，她总是命令我、指挥我……"
    小王："您认为母亲的做法对您有什么影响？"
    上述对话中，小王的提问体现了心理社会治疗模式特点中的（   ）。
    A. 注重培养小李的自主能力
    B. 注重降低小李对母亲的过高期望
    C. 注重用心理动态诊断方法了解小李
    D. 注重在人际交往的情境中了解小李

20. 最近小军的父母离婚了，他突然对学习以及学校活动失去兴趣，成绩急剧下降，经常躲在自己房间，不出家门，精神萎靡不振，觉得生活毫无意义。根据危机介入模式，小军处于（   ）阶段。
    A. 危机   B. 解组
    C. 恢复   D. 重组

21. 范奶奶与邻居吵架后，彼此关系紧张，她很烦恼，遂向社会工作者小李求助。小李听范奶奶讲述了事情的来龙去脉，并留心观察了范奶奶的情绪状态。接下来，小李首先要做的是（   ）。
    A. 梳理资源信息   B. 制定服务目标
    C. 进行问题预估   D. 签订服务协议

22. 小强向社会工作者求助时表现得很犹豫，一方面觉得自己需要帮助，另一方面又不想让别人知道他来求助，担心别人认为他有问题。这时，社会工作者对他说："你能主动来到这里，说明你想改变的决心很大。"上述社会工作者回应的主要目的是（   ）。
    A. 了解求助者的愿望   B. 促使求助者成为服务对象

C. 明确求助者的需求　　　　　　　　D. 初步评估求助者问题和需要

23. 黄先生不知道如何与上高中的儿子相处，经常与他发生争吵，因此向社会工作者小赵求助。在某次面谈中，黄先生说："我也试过跟儿子好好说话，但他对我总是不理不睬，多说几句他就烦我"。下列小赵的回应中，最符合同理心技巧的是（　　）。
　　A. "您跟儿子相处困难，现在好像也没什么好办法来解决这个问题。"
　　B. "这个年纪的孩子与家长发生矛盾是很正常的，您要学会理解他。"
　　C. "您想和儿子好好相处，但他好像还是老样子，确实有点让人无奈。"
　　D. "您不要那么着急，等他再长大一点，和您的关系自然就会变好了。"

24. 某服务对象觉得自己的生活不如意，没有什么指望。社会工作者回应："您一直在努力，但是您又说自己没有指望了，这是为什么？哪些事情让您觉得没有指望了？"社会工作者的回应运用了会谈技巧中的（　　）。
　　A. 对焦　　　　　　　　　　　　B. 摘要
　　C. 澄清　　　　　　　　　　　　D. 对质

25. 王女士失业后心情沮丧，情绪低落，她到社会工作机构寻求帮助，社会工作者小李与王女士进行了面谈。在面谈中，小李运用影响性技巧给予的最佳回应是（　　）。
　　A. "您刚才说了失业后的感受，我很同情您。"
　　B. "您刚才说了失业后的感受，很多人都有过类似的经历。"
　　C. "您刚才说了失业后的感受，失业这种事情确实让人感觉很不好。"
　　D. "您刚才说了失业后的感受，我有一些建议给您，可能会对您有帮助。"

26. 某社会工作机构开展了一个面向单亲爸爸的小组活动，小组中的单亲爸爸们相互熟悉后，开始诉说生活的艰辛以及个人情感的坎坷经历，从相互理解到相互帮助，取得了很好的效果。该小组类型属于（　　）。
　　A. 教育小组　　　　　　　　　　B. 矫治小组
　　C. 支持小组　　　　　　　　　　D. 治疗小组

27. 社会工作者小李计划为社区独居老人开展小组活动，目的是提高独居老人的社会交往能力，增进他们的相互交流。小李最宜采用的小组工作模式是（　　）。
　　A. 发展模式　　　　　　　　　　B. 治疗模式
　　C. 互动模式　　　　　　　　　　D. 社会目标模式

28. "接下来，我提议，为了保证我们小组活动每次都能顺利进行，请大家在自己手中的纸条上写下你希望所有组员在小组活动中都能遵守的规定，写好后贴在我们的黑板上。"社会工作者这段话最有可能出现在小组工作的（　　）。
　　A. 准备阶段　　　　　　　　　　B. 开始阶段
　　C. 转折阶段　　　　　　　　　　D. 成熟阶段

29. 社会工作者小孙为即将参加高考的学生开设解压小组。在某次小组活动中，小孙邀请组员绘制"我的表情包"，鼓励组员自我探索，表达内心感受，宣泄压力。分享作品时，组员们畅所欲言，积极主动地讨论和总结了压力管理方法。该小组所处的阶段是（　　）。

A. 开始阶段　　　　　　　　B. 结束阶段
C. 转折阶段　　　　　　　　D. 成熟阶段

30. 社会工作者小林带领组员讨论克服拖延症的有效方法，组员们积极分享经验，并提出各种建议，其中有几位组员对某些方法的有效性看法不同并发生争执。为此，小林组织组员进行了深入讨论。在讨论的最后阶段，小林运用了结束的技巧。下列做法中，属于结束技巧的是（　　）。

A. 保持中立，劝阻组员不要争执
B. 归纳各方意见和建议，形成结论
C. 引导组员重述各自的想法，澄清观点
D. 运用"此时此地"技巧，让组员表达自己的感受

31. 在大学生职业规划小组中，组员小芬和小芳就毕业后直接工作还是继续读研究生产生了争执。社会工作者对此进行了回应："刚才，小芬和小芳分别发表了自己的观点。先工作可以更早适应社会，实现经济独立，但在后期职业晋升时可能会因学历受到限制；继续读研究生则能培养研究能力，提升未来工作的竞争力，但无法积累工作经验。"上述社会工作者的回应，运用的小组工作技巧是（　　）。

A. 鼓励　　　　　　　　　　B. 示范
C. 限制　　　　　　　　　　D. 中立

32. 社会工作者小王为单身男性白领组织了一个减压小组。在一次小组活动中，小王安排了一个"五子棋"游戏，"五子"分别是"房子""车子""妻子""票子""孩子"。小王组织小组成员根据自己的实际感受，将"五子"进行排序，解释理由并开展讨论。小王设计的这个游戏，有助于（　　）。

A. 组员获得新的认知　　　　B. 组员保持小组经验
C. 处理组员间的冲突　　　　D. 组员消除陌生感觉

33. 社会工作者老肖走访时发现，社区内不同人群需求各异。老肖打算开展一系列小组服务，以满足不同人群的需要。下列小组方案设计中，最恰当的是（　　）。

A. 每周六上午开展主题为"能工巧匠"的残障人士创业就业小组
B. 为使小组讨论充分，将"童心守护"成长小组时长定为90分钟
C. 为保证小组治疗效果，将青少年网络成瘾小组规模控制在15人以内
D. 为了使服务惠及更多独居高龄老人，运用线上平台开展养生小组

34. 在社区工作过程中，社会工作者关注社会变迁中困难群体被忽视的权利，注重从现存社会结构、社会制度和社会政策等方面寻找问题的症结。这体现了社区工作的（　　）特点。

A. 富有批判反思精神　　　　B. 推动社会行动
C. 增强社区意识　　　　　　D. 培养社区关怀

35. 社会工作者准备运用地区发展模式解决社区问题，该模式的特点是（　　）。

A. 更重视实现任务目标　　　B. 关注社区共同性问题
C. 提倡建立相互关怀的社区　D. 强调遵循理性原则

36. 社会工作服务机构租用小区门面房作为活动场所，希望协助大龄孤独症患者锻炼日常生活技能。社区居民得知消息后，担心孤独症患者在社区附近出入会给居民尤其是儿童带来安全隐患，因而不愿意让该机构进驻。面对这种情况，该机构应该采取的策略是（　　）。

  A. 建立社区紧急支援网络系统　　B. 开展社区倡导，并强调社区责任

  C. 动员社区居民参与机构志愿服务　　D. 承诺对服务对象进行封闭式管理

37. 为了让社区智障儿童得到更好的照顾，社会工作者小王设计了"同在蓝天下，追梦共成长"的服务计划书。通过向有关政府部门申请，小王得到了5万元的经费支持。小王在此过程中扮演的角色是（　　）。

  A. 倡议者　　B. 治疗者

  C. 使能者　　D. 辅导者

38. 针对社区被侵犯房产权的老年人日益增多的状况，社会工作者小王拟推动成立老年人普法自助小组，普及相关法律知识，促进老年人相互交流，缓解老年人因侵权伤害导致的困惑和迷茫。在帮助老年人界定小组目标时，小王恰当的做法是（　　）。

  A. 带领老年人讨论，澄清小组目标

  B. 协助掌握时间，让所有老年人能发言

  C. 引导老年人讨论，分析小组发展趋势

  D. 列出并讲解小组目标，帮助老年人理解和认同

39. 社区社会工作者老孟在开展社区服务时访问了社区居民，拜访了社区居委会主任，参与了社区内相关会议和活动。从认识社区内权力结构的角度看，这主要有助于老孟了解社区的（　　）。

  A. 既有的居民人口及群体特征　　B. 热心社区事务的居民和活跃分子

  C. 地理区域面积以及环境等资料　　D. 发展过程中逐渐形成的文化特色

40. 社会工作者接触居民，在维持对话过程中，积极主动地发问、理解和测试。社会工作者要能够跨越年龄、性别、信仰、种族乃至家庭背景差异，去理解居民的内心世界，体会居民的感受，这属于（　　）技巧。

  A. 聆听　　B. 同理心

  C. 分享感受　　D. 体谅

41. 社区工作方法强调通过居民参与，解决社区问题，满足社区需求。为此，社会工作者通常需要召集居民代表大会，讨论有关问题。在会议进行中，社会工作者需要完成的工作是（　　）。

  A. 让所有与会者及时了解并清楚会议的决定

  B. 与先到会场的居民打招呼，营造亲切气氛

  C. 按照会议议程逐项讨论，适当分配发言和讨论时间

  D. 做好会议记录，并分发给与会人员，以便工作开展

42. 志愿者与他们的潜在捐款人面对面地会谈，表达需求、寻求帮助、请求捐款的筹款方式属于（　　）。

A. 项目申请 B. 私人恳请
C. 电话劝募 D. 特别事件筹资活动

43. 社会工作者小王是某机构的项目负责人，每周一上午他都安排工作例会，请同事们介绍上周的服务情况，并就某个特定人群的服务优化进行交流讨论，让大家发表意见和提出建议。根据社会服务机构的团队式结构类型，小王所在的项目团队属于（　　）。
A. 多功能型团队 B. 问题解决型团队
C. 自我管理型团队 D. 合作协商型团队

44. 社会工作者小刘在社区中开展困境老人关怀服务。首先，小刘确定要解决的是生活困境问题；其次，小刘将生活困境分为经济收入、生活照料、情感支持和权益保护等几个方面的具体问题；最后，小刘分析了这些具体问题产生的原因。从问题认识和分析方法的角度看，小刘的做法属于（　　）。
A. SWOT 分析法 B. 分支法
C. PEST 分析法 D. 问题认识工作表

45. 社会工作者小张目前负责一个志愿者关爱社区高龄独居老人的项目。为了加强对志愿者的管理，小张每个月都会把参与服务的志愿者召集在一起，讨论服务进展，了解和解决志愿者在服务时遇到的问题，也会开展一些文体活动增强团队凝聚力。从志愿者管理的内容看，小张的做法属于（　　）。
A. 迎新 B. 督导
C. 奖励 D. 评估

46. 社会工作者小刘计划在社区开展名为"相亲相爱一家人"的主题小组活动。社区居委会主任觉得这个想法不错，但是担心居民不来参加，小刘的计划因而被搁置。为此，小刘向督导老王求助。老王建议小刘先在居民中开展需求评估，再用需求评估的结果与社区居委会主任进行沟通。在这一督导过程中，老王所做的工作属于（　　）。
A. 行政性督导 B. 支持性督导
C. 教育性督导 D. 系统性督导

47. 在大刘所服务的社区中，60 岁以上的老年人占居民总数的 30%，其中，独居老年人家庭和空巢老年人家庭约 250 户。为了帮助这些老年人安度晚年，他需要经常开展的服务不包括（　　）。
A. 医疗救治服务 B. 居家养老服务
C. 老年人文体活动 D. 老年人社交小组活动

48. 社会工作者小方正在进行一项定性研究，探索低收入对家庭关系的影响。在开展研究时，小方必须（　　）。
A. 从关于低收入和家庭关系的理论出发，形成研究假设
B. 在走访低收入家庭时保持价值中立，排除自身的影响
C. 随着对低收入家庭了解的加深，可以随时修改或推翻研究的论点
D. 保证研究结果对指导低收入家庭社会服务具有普遍意义

49. 下列研究中，属于定量研究适用范围的是（　　）。

A. 某市社区青年就业障碍影响因素研究

B. 某社会工作者机构运行机制研究

C. 某对夫妻离婚原因深入分析

D. 某患先天性心脏病儿童的家庭史研究

50. 关于定性研究特点的说法，正确的是（   ）。

A. 定性研究注重研究问题的普遍性

B. 定性研究尽量将研究对象视为自己人

C. 定性研究采用控制性手法收集相关资料

D. 定性研究必须以理论为依托并形成假设

51. 某社会工作者通过问卷调查来了解社会工作者的职业流动情况。问卷中设计了一个封闭式问题，"您在本机构工作了多长时间？①1年以下；②2～4年；③5年以上"。关于这道问题的答案设计的说法，正确的是（   ）。

A. 满足穷尽性，满足互斥性　　　　B. 不满足穷尽性，满足互斥性

C. 满足穷尽性，不满足互斥性　　　D. 不满足穷尽性，不满足互斥性

52. 社会工作者小齐计划采用个案研究方法对辖区内的空巢老年人进行居家养老服务需求研究。从该研究方法的特点看，在收集资料时应（   ）。

A. 注意地点的选择

B. 分析辖区内空巢老年人人口规模的变化趋势

C. 注意手段和资料的多元化

D. 推论全市空巢老年人居家养老服务需求

53. 根据《中华人民共和国劳动合同法》，下列情形中，用人单位提前30日以书面形式通知劳动者本人，可以解除合同的是（   ）。

A. 女职工在孕期、产期、哺乳期的

B. 劳动者非因工负伤，在规定的医疗期内的

C. 劳动者在本单位因工负伤并确认部分丧失劳动能力的

D. 职工不能胜任工作，经过培训或调整工作岗位，仍不能胜任工作的

54. 根据我国相关法律，下列情形中，不符合结婚自愿的是（   ）。

A. 张某的父母因贪图钱财，收了一大笔彩礼，害怕退婚被报复而强迫张某与同村的李某结婚

B. 张某不顾父母的反对坚持与李某结婚

C. 张某因父母生病，没钱医治，而答应与同村的李某结婚

D. 张某上大学之前，跟同村的李某有约定，李某出钱供张某上大学，毕业后张某同李某结婚，张某为了这个约定同李某结婚

55. 根据《中华人民共和国残疾人保障法》，国家举办的各类升学考试、职业资格考试和任职考试，有盲人参加的，应当为盲人提供盲文试卷、电子试卷或者由专门的工作人员予以协助。这体现了残疾人享有（   ）。

A. 受教育权　　　　　　　　　　　B. 劳动就业权

C. 文化生活权　　　　　　　　D. 环境友好权

56. 根据《社会救助暂行办法》，救助对象申请教育救助应当向（　　）提出。
   A. 当地民政部门　　　　　　B. 当地教育部门
   C. 所在居（村）委会　　　　D. 就读学校

57. 小许来自农村，父母辛苦劳作供其上大学、读研究生。小许毕业后有了一份待遇不错的工作，父母年纪大了，因长年劳累造成身体损伤。因此，在城里买了房子的小许将父母接来与自己同住，对父母悉心照顾，满足父母衣食住行等各方面的需要，经常陪父母散步，买适合父母的补品。小许的做法使其父母享受到了（　　）。
   A. 获得社会保障的权利　　　B. 财产所有权
   C. 生活保障权　　　　　　　D. 家庭赡养的权利

58. 根据《城市生活无着的流浪乞讨人员救助管理办法》，应由流浪乞讨人员救助站提供的救助服务是（　　）。
   A. 提供保暖的衣物
   B. 提供符合食品卫生要求的基本食物，每日餐费标准不得低于 20 元
   C. 提供符合基本条件的住处，并按性别分室住宿
   D. 提供职业技能培训

59. 下列关于残疾人合法权益的说法，符合《中华人民共和国残疾人保障法》规定的是（　　）。
   A. 盲人可定期免费领取图书
   B. 盲人持有效证件可免费乘坐市内公共汽车
   C. 生活不能自理的残疾人每月可获 300 元护理补贴
   D. 公共停车场须按 10% 的比例设置残疾人专用停车位

60. 根据《工伤保险条例》，下列情形中，应当认定为工伤或视同工伤的是（　　）。
   A. 小陈在与家人外出旅游途中遇车祸受伤
   B. 老赵因醉酒操作机器失误，造成左腿骨折
   C. 小周因失恋在单位跳楼自杀，导致严重受伤
   D. 老王连续加班，在工作岗位上突发心脏病去世

二、多项选择题（共 20 题，每题 2 分。每题的备选项中，有 2 个或 2 个以上符合题意，至少有 1 个错项。错选，本题不得分；少选，所选的每个选项得 0.5 分）

61. 社会工作者小刘为社区残障老年人配备轮椅，联系轮椅厂家入户调试并指导使用，组织社区志愿者定期上门了解情况并提供服务。上述小刘的做法，涉及的社会工作领域包括（　　）。
   A. 残疾人社会工作　　　　　B. 医务社会工作
   C. 矫正社会工作　　　　　　D. 社区社会工作
   E. 老年社会工作

62. 关于社会工作价值观内容的说法，正确的有（   ）。
    A. 社会工作者应长期遵守和践行社会工作的核心价值观
    B. 本土的专业价值观体系要吸收传统的文化与伦理要素
    C. 所谓"专业价值观"仅来源于"社会价值"
    D. 专业价值本质上受社会传统观念的影响
    E. 专业价值观是内化于社会工作者专业实践的精神标准

63. 社会工作者小赵负责对申请入住养老院的老年人进行评估，以确定老年人能否入住。一天，小赵的父亲打电话让他特别关照一下自己的战友老李，希望能早日安排入住。针对这种情况，小赵正确的做法有（   ）。
    A. 通过评估同等条件下优先安排父亲的老战友
    B. 向养老院申请回避参与对老李的评估
    C. 如实告知父亲自己的工作职责
    D. 当作没有这回事不做任何反应
    E. 劝老李入住其他养老院

64. 学校社会工作者为刚入学的外来务工人员子女提供服务，服务内容包括讲授人际关系技巧，协助他们与其他同学建立伙伴关系，促进他们成为班级的一员；辅导学业和培养兴趣，帮助他们建立自信，获得同学的认可。该服务直接满足的外来务工人员子女的需要包括（   ）。
    A. 生理需要   B. 安全需要
    C. 归属与爱需要   D. 尊重需要
    E. 自我实现需要

65. 小宋转学后因不适应新学校的环境，学习成绩退步，也没有认识新朋友，出现了厌食、入睡困难、注意力不集中、对任何事情都提不起兴趣等状况，他感到内疚，经常自责。根据阿尔德弗尔的ERG理论，上述情绪反映出小宋"成长的需要"主要有（   ）。
    A. 探索重构生命意义   B. 改善睡眠障碍
    C. 挖掘学习潜能   D. 扩大人际交往范围
    E. 增强压力调节能力

66. 服务对象说："我丈夫在家经常对我指手画脚，好像只有他在外面赚钱养家辛苦，看不到我的价值，经常因为一点微不足道的小事指责我。其实我在家带孩子做家务，也是非常辛苦的，他一点都不知道体贴！"下列社会工作者对服务对象的回应中，符合同理心技巧的有（   ）。
    A. "您先生是不是脾气不好，容易发怒？"
    B. "您做的有些事情可能没有符合您先生的要求。"
    C. "您觉得很委屈，因为您先生不了解您的辛劳。"
    D. "您先生在外面工作辛苦，所以回来发牢骚。"
    E. "您先生不体贴和不尊重您，这让您又气又伤心。"

67. 小宋失业多年，其母亲寻求社会工作者小王的帮助。之后，经过几个月的服务，小王和小宋完成了服务目标，目前进入结案阶段。此时，小王适当的做法有（　　）。
A. 直接告知小宋结束个案服务
B. 征询小宋母亲意见决定是否结案
C. 与小宋探讨结案后共同解决问题的方法
D. 与小宋电话商讨结案后的跟进服务计划
E. 向小宋强调结束个案服务的原因

68. 小学生小杰注意力难以集中，无法独立自主学习，在学校经常扰乱课堂秩序，为此，小杰妈妈向社会工作者小王求助。小王在开展个案服务时，与小杰一起做游戏，引导他讲述自己感兴趣的事，运用儿童行为测量工具记录其行为表现，并在每次见面时，留意小杰的行为变化。上述个案服务中，小王运用的资料收集方法有（　　）。
A. 了解在校表现　　　　　　　B. 家庭环境观察
C. 与小杰会谈　　　　　　　　D. 参与式观察
E. 结构式调查表

69. 社会工作者小魏开设了"我专注，我成长"儿童注意力提升小组。小组中，每当有人发言时，小魏都会以拍手的方式让其他组员保持安静；当某位组员说得太多时，小魏会适时打断，并让其他组员发表意见；当其他人对某位组员的发言有疑问时，小魏会用通俗的语言进行解释。上述小魏的做法，体现出的促进组员之间沟通的技巧有（　　）。
A. 对信息进行磋商　　　　　　B. 鼓励组员相互表达
C. 提醒组员相互倾听　　　　　D. 帮助组员相互理解
E. 促进组员相互回馈

70. 小组工作是社会工作的基本方法之一，它可以发挥多方面的作用，下列符合小组工作特点的有（　　）。
A. 强调小组组员的民主参与
B. 组员之间可以通过分享经验而相互支持
C. 组员之间有共同目标，以群体力量解决问题
D. 组员间必须共同进退，组员个别需要并不重要
E. 在小组活动过程中，组员学会完全认同小组工作者的决策

71. 社会工作者小赵设计了"爱的沟通"亲子平行小组。在第四节小组活动中，小赵设计了"今天我是你：亲子换位角色扮演""我想对你说：亲子沟通零距离""家庭辩论赛：良好的亲子关系关键在于谁""齐心议对策：专家指导共建良好的亲子沟通模式"等环节，邀请家长和孩子共同参与。上述小组活动的设计，主要体现了互动模式中的（　　）。
A. 开放性原则　　　　　　　　B. 平等性原则
C. 面对面互动原则　　　　　　D. 建构性原则
E. 使能者原则

72. 社区照顾模式强调非正规照顾的重要性。下列属于非正规照顾的有（　　）。
A. 家庭照顾　　　　　　　　　B. 邻居提供的照顾

C. 养老院的照顾 D. 亲朋好友的照顾

E. 医疗机构的照顾

73. 社区工作的社会策划模式注重自上而下的改变，其特征包括（ ）。

A. 居民在收集资料和分析社区问题时起主导作用

B. 社会工作者在决定方案时起主导作用

C. 社会工作者运用专业知识推动社区改变

D. 社区居民参与社区需求的分析与界定

E. 社会工作者无须考虑居民的意见和看法

74. 社会工作者张某在社区进行家访时，有一名居民向他反映目前政府发放的最低生活保障金不能应付其家庭生活开支，加上他身体不好，需经常看病。他还说最近天气很冷，而家中棉被不够。张某发现社区中还有不少与这位居民情况相似的人，他决定尝试为这些居民提供服务。下列做法中，能够反映社区工作特点的有（ ）。

A. 张某自掏腰包替他们解决生活困难

B. 张某向他们提供理财辅导和情绪疏导

C. 张某向社区内所有居民最低生活保障户做问卷调查，了解他们的实际情况

D. 张某在社区内召开居民最低生活保障户座谈会，听取他们的意见，商讨解决办法

E. 张某动员志愿者，为居民最低生活保障户募集旧衣物和棉被等生活用品

75. 小朱是某大学一年级学生，对学校各类社团活动都感兴趣。最近他参加了学校青年志愿者协会组织的残障儿童探访活动，深切感受到志愿服务既能实现自我价值，又能为社会作贡献，于是申请正式加入协会成为大学生志愿者。上述小朱参与社会服务的过程，体现出"以利他和社会为中心的动机"的有（ ）。

A. 希望获得工作经验，学习新技术

B. 希望自己被需要、被感激、被欣赏

C. 希望帮助别人，让世界变好

D. 希望认识新朋友，扩大社交网络

E. 希望以个人行动尽力改善社会服务

76. 下列属于社会工作督导主要对象的有（ ）。

A. 学校社会服务机构的实习生

B. 社会服务机构的管理者

C. 刚工作1年的初级社会工作者

D. 在社会服务机构实习的社会工作专业学生

E. 参加社会工作的志愿者

77. 关于定量研究与定性研究特点的说法，正确的有（ ）。

A. 定性研究过程中完全可以排除研究者的"观察者偏差"

B. 定量研究重视从理论出发进行演绎推理形成研究假设

C. 定量研究与定性研究的方法可以整合到同一项研究中

D. 定量研究适用于不熟悉的社会系统和微观层面的研究
E. 定性研究主要依托非控制性的自然手法进行资料收集

78. 小张致力于精神障碍人士社会工作服务研究，她依据残疾等级选取了20位研究对象，采用深度访谈、焦点小组和非参与观察等方法，了解精神障碍人士及其家属接受服务的过程，分析家属服务参与对精神障碍人士康复的作用，并提出精神障碍人士社会工作服务的优化方案。关于该研究的说法，正确的有（　　）。
A. 该研究是定性研究中的行动研究
B. 该研究资料收集方法和资料多元
C. 该研究适用于分析精神障碍形成的原因
D. 该研究有助于建构精神康复的理论模式
E. 该研究中精神障碍人士的家属也是研究者

79. 根据《中华人民共和国未成年人保护法》，采用学校保护方式保护未成年人合法权益时，学校应满足的要求有（　　）。
A. 接受良好教育
B. 引导学生形成正确的世界观、人生观、价值观
C. 注重能力培养
D. 开展素质教育
E. 对有严重不良行为的未成年学生实施专门教育

80. 根据《失业保险条例》，关于失业保险金领取期限的说法，正确的有（　　）。
A. 失业人员小李，已缴失业保险费2年，此次最长可领取失业保险金12个月
B. 失业人员小陈，已缴失业保险费5年，此次最长可领取失业保险金15个月
C. 失业人员小贾，已缴失业保险费9年，此次最长可领取失业保险金18个月
D. 失业人员小孙，已缴失业保险费11年，此次最长可领取失业保险金20个月
E. 失业人员小张，已缴失业保险费15年，此次最长可领取失业保险金24个月

考前冲刺试卷（六）

一、单项选择题（共60题，每题1分。每题的备选项中，只有1个最符合题意）

1. 在保障和改善民生方面，更能发挥社会工作优势的领域是（　　）。
   A. 劳有所得，为下岗人员创造就业机会
   B. 病有所医，为患病人士提供咨询治疗
   C. 弱有所扶，为困境群体提供社会服务
   D. 幼有所育，为学前儿童提供文化教育

2. 社会工作者小岳负责社区"银龄乐享"项目，为有需要的社区独居老人提供情绪支持服务；她是自己所住社区的业主委员会委员，定期参加业主代表大会；她还为社区

"四点半课堂"的小学生辅导功课;另外,她也帮助社区家政中心筹办家政人员厨艺比赛。小岳承担的任务中,最能体现专业社会工作助人特点的是( )。

    A. 辅导小学生的功课   B. 筹办家政人员厨艺比赛
    C. 参加业主代表大会   D. 执行"银龄乐享"项目

3. 某社会工作服务机构既为外来务工人员提供就业援助,也为其子女提供托管服务,还倡导建立外来务工人员社会保障制度。上述服务内容在服务对象层面上的目标是( )。

    A. 促进社会公正   B. 解救危难
    C. 解决社会问题   D. 缓解困难

4. 多年来,市区某路口交通拥堵严重。社会工作者丁某发现此问题后,调研发现造成拥堵的真正原因是该路段行人不遵守交通规则,于是决定在该路段宣传遵守交通规则的重要性,维持交通的正常运行,从而使该路段的拥堵情况得到有效改善。丁某的做法,体现了社会工作对社会的( )的功能。

    A. 维持社会秩序   B. 促进社会和谐
    C. 促进人与社会环境的相互适应   D. 增强个人能力

5. 社会工作者老王最初接触社区矫正对象小陈时,小陈总是闭口不言,抵触情绪很强。老王理解小陈的反应,在日常生活中不断给予他关怀,逐渐获得了他的信任。老王的上述做法,主要体现的社会工作者核心能力是( )。

    A. 沟通与建立关系的能力   B. 评估和计划的能力
    C. 协调和配置资源的能力   D. 促进和使能的能力

6. 小张的丈夫因车祸去世后,整个家庭失去了经济来源。小张身体本来就不好,加上没有什么文化和技术,很多年都没有上班。失去了丈夫,小张只能外出找零活维持生计,收入一直都不稳定,巨大的生活压力使她几次想过自杀。无奈之下,她找到了社会工作者小丽。小丽在做好小张心理工作的同时积极为她提供各种就业信息。小丽在这一过程中,所扮演的直接服务角色是( )。

    A. 资源筹措者   B. 服务提供者
    C. 服务倡导者   D. 服务支持者

7. 社会工作者小赵筹备了"多彩生活,乐享晚年"主题小组活动,旨在促进老年人之间的沟通交流,营造和谐友爱氛围,引导老年人关心公共事务,帮助老年人从"老有所乐"到"老有所为"。小赵设计的上述小组服务,属于社会工作服务中的( )。

    A. 老年社会工作   B. 社区社会工作
    C. 家庭社会工作   D. 社会救助社会工作

8. 国际社会工作界认同的社会工作价值观中的"服务大众"指的是( )。

    A. 社会工作者应当超越个人利益为他人提供专业服务
    B. 社会工作者追求社会变革,特别是与弱势群体一起努力,并代表他们寻求社会变革
    C. 社会工作者对每个人都给予关心和尊重,意识到个体的差异和文化及种族上的

多元性

D. 社会工作者始终意识到专业的使命、价值观、伦理原则和伦理标准，并用与之相适应的方式开展实际工作

9. 小李从戒毒所回到社区后，下决心重新生活，但家人不相信他，邻居也疏远他，小李感到很无助，向社会工作者小王求助。小王对小李说："我认为你过去吸毒是不对的，不过没关系，改了就好，我们聊聊怎么改变家人和邻居对你的看法吧。"从社会工作价值观来看，小王的表达突出体现的是（　　）的原则。

A. 接纳　　　　　　　　　　　　B. 个别化
C. 权利与责任并重　　　　　　　D. 平等待人

10. 关于社会工作专业价值观与伦理之间关系的说法，正确的是（　　）。

A. 价值观是一种偏好，伦理是对好坏、善恶的选择
B. 价值观关注实践的标准，伦理关注如何确定标准
C. 价值观与伦理关联紧密，二者实质上并没有差异
D. 伦理是操作层面的价值，是实践中的行为守则

11. 社会工作者小黄在一次会谈中了解到服务对象小王有暴力伤害室友的想法，但小王要小黄替他保密，小黄心里很矛盾。在处理这一问题时，小黄应当优先遵循的伦理原则是（　　）。

A. 隐私保密原则　　　　　　　　B. 生命质量原则
C. 保护生命原则　　　　　　　　D. 差别平等原则

12. 陈女士因手术造成严重后遗症，情绪变得焦虑、暴躁，她认为是医院手术失误对她造成了伤害。但医院认为在手术前已告知风险，陈女士家属也签署了同意书，陈女士感到十分委屈，向该院医务社会工作部的社会工作者大刘求助，希望大刘能帮助她"讨回公道"。此时，大刘面临的伦理议题主要是（　　）。

A. 专业关系　　　　　　　　　　B. 隐私保密
C. 知情同意　　　　　　　　　　D. 当事人自决

13. 刚到深圳工作的小刘，积极参加校友活动，加入微信群，与校友分享工作经验，形成相互支持。根据马斯洛的需要层次论，上述情形中，主要体现的小刘的需要是（　　）。

A. 生理需要　　　　　　　　　　B. 尊重的需要
C. 归属与爱的需要　　　　　　　D. 安全需要

14. 小林婚后辞职在家，专心做起全职妈妈。在孩子过完5周岁生日后，小林在日记里这样写道："与孩子在一起的日子是开心的，可终究还是有放飞的一天，这些年我为家庭倾注了太多心血，感觉像蜡烛一样被耗竭，每天在家面对的都是几张熟悉的面孔。我不想再像囚鸟似的被困在笼中，我想出去看看外面的世界。"根据阿尔德弗尔的ERG理论，小林的日记反映出她目前主要的需要是（　　）。

A. 生存的需要　　　　　　　　　B. 尊重的需要
C. 成长的需要　　　　　　　　　D. 关系的需要

15. 现在不少家庭中的独生子女都养成了以自我为中心、骄横跋扈、疏懒散漫、贪婪无度的"霸王"心态，这反映了这些家庭的教养方式可能是（　　）。
    A. 支配型　　　　　　　　　　　　B. 娇纵型
    C. 专制型　　　　　　　　　　　　D. 放任型

16. 目前国内有些火车站、飞机场没有母婴休息室，给带婴儿出行的母亲造成不便，从而减少了出行。上述现象反映的人类行为与社会环境的基本关系是（　　）。
    A. 人的行为不能适应社会环境　　　B. 社会环境影响人的行为
    C. 人类行为能够改变社会环境　　　D. 社会环境决定人类行为

17. 情绪发展比较丰富和强烈，出现两极化特征是（　　）的主要特征。
    A. 学龄期阶段　　　　　　　　　　B. 婴幼儿阶段
    C. 青少年阶段　　　　　　　　　　D. 青年阶段

18. 小林中考以优异的成绩考入市重点中学，学业成绩很好。但是，班主任老师发现小林近期成绩下滑严重，甚至跟不上大家的进度。班主任与社会工作者一起研究商量如何提高小林的学习成绩。社会工作者运用了心理社会治疗模式中的（　　）技巧。
    A. 心理动力反思　　　　　　　　　B. 间接治疗
    C. 现实状况反思　　　　　　　　　D. 直接影响

19. 得知父母已经离婚的消息后，小明难以接受这样的事实，做出了自残等高风险行为。社会工作者小张经过评估后对小明说："虽然你现在还难以接受爸爸妈妈离婚的现实，但我相信你是有能力自己走出来的。"小张的上述说法突出体现了危机干预的（　　）。
    A. 及时处理原则　　　　　　　　　B. 限定目标原则
    C. 重构目标原则　　　　　　　　　D. 输入希望原则

20. 小费幼年时母亲病逝，之后与父亲相依为命，初中时父亲也因车祸离世，只能由80岁的奶奶照顾。因缺乏管教，小费结识了一些"小混混"，偶尔小偷小摸，在学校还经常与其他同学发生冲突。社会工作者小汪了解情况后，对其问题进行诊断，分析他的行为问题与其生活经历相关。小汪运用的上述诊断方式属于（　　）。
    A. 心理诊断　　　　　　　　　　　B. 缘由诊断
    C. 人格诊断　　　　　　　　　　　D. 分类诊断

21. 小岚的父母在她5岁时离异，各自重组家庭，将她留给奶奶照顾。长大成家后，小岚一直害怕自己的婚姻失败，每天偷偷查看丈夫的手机。丈夫发现后多次劝说无果，夫妻关系陷入僵局，于是小岚向社会工作者小宋求助。小宋在为小岚开展个案服务时，首先应做的是（　　）。
    A. 分析小岚的丈夫改变沟通方式的可能性
    B. 了解父母的遗传因素对小岚性格的影响
    C. 探讨小岚如何逐步改变自己的偏差行为
    D. 评估童年期经历对小岚人格形成的影响

22. 小琳是一位离异的单亲母亲，之前曾面临下岗失业的困境，但是她通过自己的努力，终于被一家大企业聘用。近期，她的前夫（某公司的老总）来找小琳，以小琳没有抚养能力为由，想要回女儿的抚养权。小琳担心自己会失去孩子的抚养权，感到很无助，于是向社会工作者欢欢求助。在和欢欢的交谈过程中，小琳表现出非常惧怕、缺乏自信、低落的情绪。这时，欢欢握住小琳的手说："小琳，我很理解你现在的感受，孩子对你来说很重要，你在困难时的精神支柱就是孩子，现在孩子的父亲想要回孩子的抚养权，对你的打击真是太大了。"此时，欢欢所运用的是支持性技巧中的（　　）技巧。

  A. 鼓励　　　　　　　　　　　　B. 倾听
  C. 专注　　　　　　　　　　　　D. 同理心

23. 蒙蒙经常与学校的同学打架。儿童社会工作者与蒙蒙进行了2次会谈，并通过学校老师了解了蒙蒙的家庭背景和学业成绩，但仍未完全搞清楚蒙蒙的问题。此时，社会工作者为了收集更多的资料，不宜运用的方法是（　　）。

  A. 进行会谈　　　　　　　　　　B. 翻看现有资料
  C. 观察服务对象　　　　　　　　D. 直接对答

24. 通过社会工作者小王的服务，转到城里读书的小芳逐渐适应了新学校的生活，和同学们成了好朋友。虽然学习成绩还有待提高，但小芳的学习兴趣越来越浓，主动性越来越强，最近她主动提出要结束个案服务。对此，小王适宜的做法是（　　）。

  A. 同意结案，对个案服务进行总结和评估，并提出跟进建议
  B. 同意结案，但要转介给小芳所在学校的老师继续开展服务
  C. 不同意结案，因为小芳的学习成绩还有待进一步提高
  D. 不同意结案，因为能否结案不取决于小芳的主观意愿

25. 在一次个案工作面谈中，社会工作者与服务对象有以下对话。
  服务对象："最近我的状态不太好，快要到期末了，估计又有3门课要不及格了。我担心再这样下去，学校会让我退学，我其实也很想好好学习。"
  社会工作者："我能理解，但您的想法与行动有一定的差距，您对此有什么打算吗？"
  上述对话，体现社会工作者运用的专业技巧是（　　）。

  A. 对质　　　　　　　　　　　　B. 建议
  C. 忠告　　　　　　　　　　　　D. 对焦

26. 社会工作者小李为医院鼻咽癌患者开设主题为"乐活人生"的小组。在小组中，小李邀请病友分享自己生病前后的经历和感悟，鼓励大家重拾信心，以乐观态度积极面对疾病。从小组目标的角度看，该小组类型最有可能是（　　）。

  A. 支持小组　　　　　　　　　　B. 成长小组
  C. 治疗小组　　　　　　　　　　D. 教育小组

27. 某社会工作服务机构督导者现场观察了社会工作者小俞开展的社区居民骨干小组活动，事后他向小俞指出在活动中组员的一些表现需要高度关注。下列组员互动情景中，最容易引起角色竞争冲突的是（　　）。

  A. 老李在小组中始终保持沉默
  B. 老张在小组中常常独占话题
  C. 老吴坚持自己的意见并强烈批评其他组员

D. 老王为自己的想法未获得支持而感到遗憾

28. 社会工作者老刘发现社区中不少生活困难的中年人文化程度低，职业技能不足，缺乏职业信心，为此，老刘为他们开设了一个小组。在小组中，老刘讲述了生活困难的老梁培植多肉植物自强自立并成功创业的故事，启发组员重新认识自我，积极寻找战胜困难的办法。上述老刘的做法，体现出小组工作发展模式的（　　）原则。

  A. 开放互动　　　　　　　　B. 迅速解决问题
  C. "使能者"　　　　　　　　D. 促进平等参与

29. 某社区青年志愿者成长小组处于结束阶段。下列回应中，最能体现该阶段社会工作者任务的是（　　）。

  A. "今天我们来角色扮演，分享一下大家当下的心理感受吧。"
  B. "为了帮助我们今后更好地开展服务，请大家填写一份小组评估问卷。"
  C. "大家已经对志愿服务意义达成了共识，今天我们进一步讨论如何更好地开展服务。"
  D. "大家在小组中很有收获，今天我们再谈谈如何在生活中保持小组经验。"

30. 在一次家庭育儿经验的小组讨论中，小组成员有以下对话。

组员甲："双十一，我囤了一些果泥。"
组员乙："活动力度大吗？我买了2箱奶粉。"
组员丙："我也买了奶粉，比平时优惠了不少。"
随后，其他组员也纷纷推荐起自己购买的母婴产品。面对这种情况，社会工作者正确的做法是（　　）。

  A. 及时小结　　　　　　　　B. 自我表露
  C. 及时限制　　　　　　　　D. 帮助梳理

31. 社会工作者高某在暑期为爱好摄影的大学生们组织了兴趣小组，在每次的小组讨论中，组员发言积极主动。高某在每位组员分享经验后对发言者都给予了反馈。在这个过程中，高某运用了小组工作中与组员沟通的（　　）技巧。

  A. 积极回应　　　　　　　　B. 适当自我表露
  C. 及时进行小结　　　　　　D. 适当帮助梳理

32. 社会工作者为家长开设了一个帮助孩子度过青春期的教育小组。在一次小组讨论中，王女士滔滔不绝地讲道："我太倒霉了，本来工资就低，丈夫摔伤花了不少医药费，孩子又不听话，真是心烦。"听到王女士的叙述，其他组员纷纷回应，诉说自己的经历。看到这种情况，社会工作者说："刚才大家都谈了自己的处境，但今天主要讨论如何帮助孩子顺利度过青春期，咱们先说这个问题好吗？"此时，社会工作者运用的技巧是（　　）。

  A. 引导　　　　　　　　　　B. 鼓励
  C. 中立　　　　　　　　　　D. 澄清

33. 社会工作者小王开设了一个外来务工人员子女成长小组。在小组活动中，小王安排了一个"T恤秀"的游戏，让组员在白色T恤衫上画出自己印象中老家的房子，并向其他组员介绍自己的家乡。小王设计的这个游戏，有助于（　　）。

　　A. 鼓励组员积极表达，增进组员间的相互理解与支持

　　B. 应对抗拒行为，协调和处理组员间的冲突

　　C. 推动组员间形成相对稳定的关系结构

　　D. 保持小组经验，更好地适应社会生活

34. 社区工作的目标可分为过程目标和任务目标。下列属于实现过程目标时采取的行动的是（　　）。

　　A. 提升居民参与社区事务的意愿　　B. 改善社区的卫生状况

　　C. 建立社区支持机构　　D. 加强社区的安全巡逻

35. 社会工作者小王通过调查发现，居民对社区的认同感不强的主要原因是大多数居民搬入时间不长，对社区还不太了解。于是，小王希望通过一系列服务，帮助居民了解社区，具体的做法是（　　）。

　　A. 发放手绘地图，告知社区资源分布

　　B. 根据居民的需要开展社区大型活动

　　C. 整合社区资源，开展互帮互助服务

　　D. 建立居民小组，改善社区动力系统

36. 社会策划模式中，（　　）扮演专家的角色。

　　A. 社区居民　　B. 高校专家

　　C. 社区的社会工作者　　D. 政府

37. 关于社区照顾模式的说法，正确的是（　　）。

　　A. 强调运用专业知识、科学决策，理性推动社区改变

　　B. 致力于促进居民参与，通过自助和互助方式解决社区问题

　　C. 重视动员亲戚、朋友、邻里和志愿者资源，关怀社区困难群体

　　D. 强调社会工作者的核心工作是社区资料收集、事实分析和方案决策

38. 社区社会工作者针对近期大家关心的居民楼水管改造议题召开议事协商会，邀请街道办事处工作人员、物业公司代表、施工方代表、业主委员会代表和居民代表参会。在会议进行中，社会工作者适宜的做法是（　　）。

　　A. 严格限制会议发言人的数量　　B. 让参会者充分讨论后作出决定

　　C. 听到参会者意见后立即表态　　D. 提前了解参会者对议程的意见

39. 社会工作者在与居民维持对话过程中，积极主动地发问、理解和测试。社会工作者要能够仔细倾听服务对象传达的信息，这属于（　　）技巧。

　　A. 聆听　　B. 同理心

　　C. 分享感受　　D. 体谅

40. 在与居民接触的热身阶段，关于展开话题的说法，正确的是（　　）。

　　A. 社会工作者应不断介绍自己的机构和地理位置

　　B. 社会工作者应避免直接问敏感话题

　　C. 社会工作者应根据接触或访问目的居民进行深入提问

D. 社会工作者应注意及时结束对话

41. 在单位组织的一次年终座谈会上，大多数职工都发表了自己的感受，只有李某默默坐在角落，一言不发。此时，社会工作者应对李某采取（　　）技巧。
    A. 了解　　　　　　　　　　　B. 鼓励
    C. 倾听　　　　　　　　　　　D. 中立

42. 社会工作者小董运用"问题认识工作表"，了解和评估养老服务机构内老年人的主要问题，以便策划服务方案。用系统概念来表达，小董的工作属于社会服务方案策划的（　　）阶段。
    A. 输入　　　　　　　　　　　B. 过程
    C. 输出　　　　　　　　　　　D. 效果

43. 某企业以"共创财富，公益社会"为使命，每年将利润的1%捐赠给当地的儿童福利院，目的是通过帮助困难群体，履行企业的社会责任，提升企业声誉。该企业的捐款动机属于（　　）。
    A. 市场营销　　　　　　　　　B. 自我利益
    C. 公共关系　　　　　　　　　D. 社会联谊

44. 社会服务机构功能性环节中的"沟通"是（　　）。
    A. 为了提高下属或员工的工作积极性
    B. 为了让机构的工作时间更为人性化
    C. 将各部门的活动转化为一致性行动的过程
    D. 传播消息、事实、观念、感受和态度，达到共同了解的活动

45. 社会工作者小刘在社区中开展困境老人关怀服务。首先，小刘初拟了5条改善老人生活环境的措施；其次，小刘将所列的措施进行优势、劣势分析；最后，对措施方案进行了改善。从问题认识和分析方法的角度看，小刘的做法属于（　　）。
    A. SWOT分析法　　　　　　　　B. 分支法
    C. PEST分析法　　　　　　　　D. 问题认识工作表

46. 社会工作者小刘计划在社区开展名为"远亲不如近邻"的主题小组活动。社区居委会主任觉得这个想法不错，但是担心居民不来参加，小刘的计划因而被搁置。为此，小刘向督导老王求助，老王建议小刘先在居民中开展需求评估，再用需求评估的结果与社区居委会主任进行沟通。在这一督导过程中，老王所做的工作属于（　　）。
    A. 行政性督导　　　　　　　　B. 支持性督导
    C. 教育性督导　　　　　　　　D. 系统性督导

47. 近年来我国志愿者队伍不断壮大，越来越多的学者、专家及社会工作者都意识到志愿者专业管理的重要性。下列关于志愿者专业管理的表述，错误的是（　　）。
    A. 志愿者参与志愿服务的方式与类型越来越多元化
    B. 志愿者在奉献时间、知识和技能时，更重视自我的收获
    C. 社会越来越关注志愿服务所带来的负面效果
    D. 志愿服务机构的专业管理有利于更好地激励志愿者的服务意愿

48. 下列属于定性研究特点的是（　　）。
   A. 注重研究事物的一般性和规律性
   B. 先有研究假设，后收集资料验证
   C. 注重研究对象的个别性和特殊性
   D. 以演绎法为主要的研究策略

49. 某调查问卷的封面信上写着："本调查采用不记名方式……"上述内容旨在说明（　　）。
   A. 保密原则
   B. 问题填答方式
   C. 研究内容
   D. 对象选项方式

50. 社会工作研究中非干扰性研究的现存统计资料可能存在（　　）问题。
   A. 权利和广泛性
   B. 资料的代表性
   C. 效度和信度
   D. 干扰性和发展性

51. 社会工作研究者魏某在进行某市近几年来离婚率的研究工作，历时半年终于完成了研究报告。下列做法中，魏某不宜采取的是（　　）。
   A. 秘密保存
   B. 内部书面发表
   C. 公开出版
   D. 口头发表

52. 某社会工作者计划运用个案研究法开展研究工作，在资料收集过程中，正确的做法是（　　）。
   A. 以多种手段来收集资料，记录研究对象的多元资料
   B. 在研究前建构研究假设，为资源收集提供准确指引
   C. 在资料收集中积极互动，引导研究对象的正面行为
   D. 以生活工作阅历为基础，解剖研究对象的主观感受

53. 根据《中华人民共和国社会保险法》，失业人员失业前所在单位和本人按照规定累计缴费满1年不足5年的，领取失业保险金的期限最长为（　　）个月。
   A. 6
   B. 12
   C. 18
   D. 24

54. 根据《中华人民共和国民法典》，下列情形中，符合结婚自愿的是（　　）。
   A. 张某和李某一见钟情，在交往的第7天不顾父母的反对登记结婚
   B. 张某的父母收了李某大笔彩礼，害怕退婚被报复而迫使张某与李某完婚
   C. 张某因父亲生病，没钱医治，在母亲的强逼下同李某结婚
   D. 张某的父母在张某上大学之前跟同村的李某有约定，李某出钱供张某上大学，毕业后张某同李某结婚，张某本人并不知情，张某父母为了约定强逼张某与李某结婚

55. 某电视台为保障当地残疾人的权益，丰富他们的业余生活，加开一期电视手语节目。这体现了残疾人享有（　　）。
   A. 受教育权
   B. 劳动就业权
   C. 文化生活权
   D. 环境友好权

56. 社会工作者在社会政策实施过程中主要扮演（　　）角色。
   A. 监督者
   B. 宣传者

C. 倡导者 D. 实施者

57. 国家对"三无老人"实行社会救助，属于老年人享有的（　　）的内容。
   A. 社会保障权 B. 健康权
   C. 文化教育权 D. 享受生活照料的权利

58. 根据《最低生活保障审核审批办法（试行）》，认定低保对象的3个基本要件是（　　）。
   A. 家庭人口、家庭收入和家庭财产 B. 家庭人口、家庭收入和户籍状况
   C. 户籍状况、家庭人口和家庭财产 D. 户籍状况、家庭收入和家庭财产

59. 小强，8岁，有认知障碍，与母亲外出时走失，在甲市流浪乞讨，后被社会工作者小赵发现。小赵应当第一时间采取的措施是（　　）。
   A. 通知当地教育部门予以救助
   B. 护送小强到当地救助管理机构
   C. 帮助小强在网上寻找母亲
   D. 通知当地交通运输部门为其购买回家车票

60. 根据《中华人民共和国未成年人保护法》，对孤儿、无法查明其父母或者其他监护人的以及其他生活无着的未成年人，由（　　）收留抚养。
   A. 经国务院及各级政府许可的收养机构
   B. 有抚养能力的群众
   C. 民政部门设立的儿童福利机构
   D. 公安部门许可的儿童福利机构

二、多项选择题（共20题，每题2分。每题的备选项中，有2个或2个以上符合题意，至少有1个错项。错选，本题不得分；少选，所选的每个选项得0.5分）

61. 社会工作的基本要素包括（　　）。
   A. 社会工作基本对象 B. 社会工作价值观
   C. 社会工作者 D. 社会工作扩大对象
   E. 助人活动

62. 社会工作者小李在一个社区开展主题为"丰富老年人退休生活"的社会工作，他认真了解社区老年人的生活习惯、兴趣爱好，以增加对他们的了解，准确把握他们的需要。小李的这些做法体现了社会工作价值观中的（　　）原则。
   A. 知情同意 B. 尊重
   C. 包容 D. 接纳
   E. 赞同

63. 社会工作专业价值观进入我国后，逐渐具备了中国特色的内容，包括（　　）。
   A. 以人为本，回应需要 B. 注重和谐，促进发展
   C. 平等待人，注重民主参与 D. 权利与责任并重

E. 践行社会公正与绝对公平

64. 家庭教养模式从纵向和横向两个方面影响个体。下列家庭内互动影响因素中，对个体具有纵向影响的有（　　）。
    A. 家庭的关系结构
    B. 家庭的成员互动
    C. 家庭的既往事件
    D. 家庭的亲属关系
    E. 家庭的背景

65. 某地发生洪涝灾害，房屋损毁，部分居民无法回家。当地社会工作者配合相关部门选址搭建临时安置点，协助提供一日三餐和应急生活必需品，开展社会工作服务。上述做法中，所回应的受灾居民的"中介需要"有（　　）。
    A. 重要的初级关系
    B. 安全的住房
    C. 无害的自然环境
    D. 经济上的安全
    E. 有营养的食物和洁净的水

66. 李某个子很矮，小时候家庭条件不好，由此产生了严重的自卑心理，为了使自己变强，他加入了当地的不良团体，最后因打人致残而受到法律惩处。社会工作者在对其进行矫治服务时采用了心理社会治疗模式。心理社会治疗模式认为人在成长过程中会受到（　　）的影响。
    A. 心理因素
    B. 家庭因素
    C. 生理因素
    D. 社会因素
    E. 文化因素

67. 刘女士唯一的女儿去世后，她与丈夫相依为命，失去独生女的苦让他们每日以泪洗面，不愿与人接触，两人健康状况每况愈下。社会工作者老秦得知他们的情况后，决定为他们提供服务，并在多次上门后制订了完整的服务计划。在进入服务开展阶段后，老秦适宜的做法有（　　）。
    A. 缓解刘女士夫妇的悲伤情绪
    B. 帮助刘女士夫妇改善健康状况
    C. 联系志愿者定期陪伴刘女士夫妇
    D. 向刘女士夫妇介绍所在机构的优势
    E. 与刘女士夫妇一起分析面临的主要问题

68. 大学毕业生小云长得漂亮，身材高挑，刚入职就被已婚的部门领导表白。之后的两年该领导不断骚扰她，甚至在公开场合也不避讳，这让小云非常烦恼。为此她向社会工作者小汪求助。在与小云的会谈中，小汪运用了影响性技巧。下列回应中，属于运用该技巧的有（　　）。
    A. "听了您刚才的话，我的理解是，您对领导的行为一直比较隐忍，是吗？"
    B. "从法律上来讲，您的领导的行为违反了保护妇女权益的相关法律。"
    C. "您可以礼貌拒绝或者告知他自己已有男友，让他知难而退。"
    D. "如果您一直隐忍，他可能会做出更加出格的事情。"
    E. "遇上这样的人，而且还是自己的领导，真令人烦恼。"

69. 企业社会工作者小肖在小组服务中，热情地向组员们介绍自己并亲切地问候组员，在组员发言时非常注重眼神交流，适时讲述自己对于组员分享感受的理解。小肖的上述做法运用的沟通技巧有（   ）。

    A. 积极回应   B. 自我表露

    C. 专注与倾听   D. 对信息进行磋商

    E. 营造轻松、安全的氛围

70. 社会工作者小军计划运用互动模式组织戒毒康复人员同伴互助小组。小军设计的下列小组活动内容中，符合互动模式实施原则的有（   ）。

    A. "角色模拟"：在高危情景中学会拒绝

    B. "巧舌如簧"：就尿检利弊问题展开辩论

    C. "同伴示范"：同伴分享戒毒的心路历程

    D. "授业解惑"：专家讲述戒毒过程中的生理反应

    E. "回报社会"：重阳节组织组员为敬老院老人服务

71. 某肿瘤病友支持小组接近尾声，面对分离，组员表现各异。下列组员的表现中，呈现出离别情绪的有（   ）。

    A. 组员之间的联系加强，互动频率和强度相比之前有所提升

    B. 组员小刘采取逃避的态度，借故缺席了最后一次小组活动

    C. 组员小徐积极寻找社区内抗癌互助组织，希望出院后加入

    D. 组员小赵表示近期心情有点低落，希望再多举办几次小组活动

    E. 多数组员对小组产生了认同感，在分享环节都很愿意积极表达

72. 社会工作者小吴在社区走访时发现，家住5楼的赵阿姨腿脚不便，且精神状态不佳。深入了解后得知，赵阿姨今年65岁，老伴多年前去世，子女长期在外地工作，身边无人照顾。从建立非正式照顾者系统的角度看，小吴可以动员的人员有（   ）。

    A. 社区的志愿者   B. 社区居委会工作人员

    C. 赵阿姨的朋友   D. 赵阿姨的邻居

    E. 社区日间照料中心的护理人员

73. 社会工作者小薇拟开展"社区一勺米"活动，组织居民为社区困难群众募集米面等生活物资，以培养居民相互关怀和相互照顾的美德。为此，小薇需提前招募志愿者并筹措一定的活动资金，从管理社区资源的角度看，小薇进行资源开发时，适宜的做法有（   ）。

    A. 联络社区志愿服务团队，协助招募志愿者

    B. 在业主群发布消息，从居民中招募志愿者

    C. 联系物业管理公司，寻求人力和资金支持

    D. 拜访街道办事处，请求他们提供经费资助

    E. 向市民政局申请专项经费，购买生活物资

74. 某小区出现了父母虐待儿童的事件，在该社区产生了很大的影响。社会工作者小兰针对这一问题策划了服务方案。她在家访的过程中了解到受虐儿童的家属缺乏社会支

持，探明了产生这一现象的原因，并通过调查掌握了受这一问题影响的社区人群状况，制定了下一阶段的工作目标。小兰所做的工作属于社会服务方案策划中的（　　）阶段。

A. 问题认识和分析　　　　　　B. 目标制定
C. 方案安排　　　　　　　　　D. 考虑服务的评估
E. 需要评估

75. 针对社区部分老年人和儿童缺乏照顾的现象，某社会工作服务机构在广泛调研的基础上设计了多套依托"五社联动"机制，助力"一小一老"的服务方案，邀请街道办事处、社区居委会、社区社会组织代表和服务对象代表组成筹备小组，采用"可行性方案模型"来筛选理想方案。筹备组首先对比了在同等资金投入情况下各个方案涉及的服务人数，其次分析了各方案对促进"五社联动"机制建设和服务"一小一老"的效果，接下来，筹备组还需要完成的分析工作有（　　）。

A. 分析各方案实现的可能性
B. 分析比较哪个方案最能达成"一小一老"服务目标
C. 分析基金会和企业对各个方案给予资金支持的意向
D. 识别比较哪个方案更有利于服务对象公平享有服务
E. 识别分析各个方案潜在风险及可能产生的负面影响

76. 社会工作者小孙正在撰写一份孤独症儿童康复服务项目申请书，准备向当地残联申请资助。该项目申请书应包含的内容有（　　）。

A. 申请该项经费对孤独症儿童康复的意义
B. 申请资助后拟具体开展的康复服务内容
C. 说明如何向残联报告所资助项目的结果
D. 说明资助金额及其对机构运行的重要性
E. 说明项目实施一定可以达到预估的效果

77. 社会工作者老王采用个案研究方法，与服务对象小军一起回忆戒毒的心路历程，并总结成功戒毒的经验。关于个案研究资料收集特色的说法，正确的有（　　）。

A. 可以使用多种手段收集资料
B. 收集资料应使用量表法
C. 该研究过程需要遵循严格的前测后测步骤
D. 该研究过程需要注意资料的多元化
E. 收集的资料应尽量详尽深入

78. 定量研究和定性研究的关系包括（　　）。

A. 二者截然对立　　　　　　　B. 适用场景不同
C. 相互依存　　　　　　　　　D. 互相补充
E. 可以同时应用于同一项研究中

79. 关于工作时间的说法，正确的有（　　）。

A. 我国法律规定，劳动者每日工作时间不超过 8 小时，平均每周工作时间不超过 40 小时

B. 对怀孕7个月以上或哺乳未满1周岁婴儿的女职工，不得安排其延长工作时间
C. 劳动法规定的休假只有法定休假日和年休假
D. 休息日安排劳动者工作又不能安排补休的，支付不低于工资的200%的工资报酬
E. 劳动者在婚丧假期间，用人单位应当依法支付工资

80. 学生小勇在课后欺凌同学，学校社会工作者王老师发现后对此事进行处理。根据《中华人民共和国未成年人保护法》，王老师的下列做法中，正确的有（　　）。

A. 立即制止小勇的错误行为
B. 对被欺凌的同学及时给予心理辅导
C. 嘱咐被欺凌的同学不要声张，以保护学校声誉
D. 对小勇父母进行必要的家庭教育指导
E. 主动联系小勇和被欺凌同学的父母参与处理欺凌事件

第三部分 考前冲刺试卷参考答案

考前冲刺试卷（一）参考答案

一、单项选择题（共60题，每题1分。每题的备选项中，只有1个最符合题意）

1. C 《中共中央 国务院关于加强基层治理体系和治理能力现代化建设的意见》明确指出，要完善社会力量参与基层治理激励政策，创新社区与社会组织、社会工作者、社区志愿者、社会慈善资源的联动机制。

2. D 社会工作的特点有以下六个方面：①专业助人活动；②注重专业价值；③强调专业方法；④注重实践；⑤互动合作；⑥多方协同。

3. A 社会工作在服务对象层面的目标包括解救危难、缓解困难、激发潜能和促进发展。其中，促进发展是指当一个人或一群人遇到困难时，社会工作者施以援手，通过增加知识、学习技能、学习建立人际关系等方式，使个人或群体得到发展，实现自己的人生目标。在现代社会，增加人们的知识和技能、增强克服不利因素的能力、提高个人与社会协调的能力都在发展之列。

4. A 社会工作通过为服务对象提供帮助，可以达到促进其正常生活、促进其与社会环境相互适应等功能。社会工作者向服务对象提供各种具体的帮助和服务，解决其困难，增强其能力，更深层的目标是帮助他们能正常生活。

5. D 社会工作者的直接服务角色包括服务提供者、治疗者、支持者、关系协调者和倡导者。本题中，小夏扮演关系协调者的角色，帮助服务对象学习处理社会关系的技巧，协助他们处理好与他人及环境的不和谐关系，并建立起协调关系。

6. C 社会工作作为一种专业，产生于对有困难、有问题的社会成员的困境进行诊断和治疗，所以治疗者是社会工作者最主要的角色之一。

7. D 根据《民政部办公厅关于加快乡镇（街道）社工站建设的通知》，要求抓住社会工作人才评价、人才培育、人才使用和机构建设等关键环节，打造一支让党和政府放心、让人民群众满意的专业人才队伍；要聚焦社会救助、养老服务、儿童关爱、社区治理等民政工作领域，加快建立健全乡镇（街道）社会工作人才制度体系。

8. C 在专业实践活动中，社会工作者可从以下七个主要方面来体现专业实践的价值观：①以人民为中心，回应社会需要；②接纳和尊重；③个别化和非评判；④注重和谐有序，促进社会共融与发展；⑤平等待人，注重民主参与；⑥权利与责任并重；⑦个人的发展机遇、潜能提升与国家的社会发展进程相结合。本题中，社会工作者耐心地倾听体现了尊重原则，不评价其言行和价值观体现了非批判原则，根据服务对象的实际情况探讨解决问题的方案体现了个别化的原则。

9. B 社会工作实践中面临的伦理议题包括服务对象自决、保密议题、专业关系、知情同意、多元文化和专业能力。社会工作者与服务对象应当保持专业界限，即专业关系。当社会工作者与服务对象超越专业关系时，便会陷入双重关系的困境。在中国的人情社会里，双重关系有时可能会给服务对象带来益处，但在社会工作过程中也有诸多弊端。这可能导致服务对象被利用，破坏伦理的实务界限，满足社会工作者的个人需求，并削弱社会工作者的公正性与判断力。因此，如何在中国文化下处理与服务对象的关系，社会工作者需要具备伦理智慧。

10. A 最小伤害原则是指社会工作者在作伦理决定和提供服务中，要尽力保护服务对象的利益不受到侵害，要最大可能地预防和减少伦理决定和服务对象的身体、心理和精神上的可能伤害，尽可能实现利益最大化。

11. A 价值观和伦理是社会工作专业的重要内容，二者紧密联系但又彼此有差异，二者并非是对立的，故选项 C 错误。价值关注好坏、善恶等基本判断或选择，伦理更关注人类行为的正确与否或行为是否适当，故选项 D 错误。伦理来源于价值并且与价值保持一致，伦理是操作层面上的价值，是把价值观念转变为行动的行为守则，故选项 A 正确。社会工作价值观是指一整套用来指导和支撑社会工作者开展专业实践的理念和判断。社会工作的专业伦理在现实中就是以社会工作者的职业守则为准，故选项 B 错误。

12. B 社会工作专业伦理守则之一是尊重保密权和隐私权。社会工作者尊重和依循个人的保密权与隐私权，并在尊重这些权利的基础上工作。选项 A 错误，未保护服务对象的隐私权。选项 B 正确，根据题干描述，小明属于未成年人，无法独立做出判断，需要征得其监护人的同意，而选项 C、D 都是征得小明本人同意，故排除。

13. C 马斯洛认为，人有五种基本需要，分别是生理需要、安全需要、归属与爱的需要、尊重的需要和自我实现的需要，依次构成需要的层次。其中，归属与爱的需要包括两方面的内容：一是归属的需要，即人都有一种归属于一个群体的感情，希望成为群体中的一员，并相互关心和照顾。二是友爱的需要，即人人都需要伙伴之间、同事之间的关系融洽或保持友谊和忠诚；人人都希望得到爱情，希望爱别人，也渴望得到别人的爱。

14. C 行为适应性标准是划分正常行为和偏差行为常用的一个标准。在正常情况下，人体维持着生理、心理的平衡状态，人能依照社会生活的需要适应环境和改造环境。因此，正常人的行为符合社会的准则，能根据社会要求和道德规范行事，就是适应性行为。如果由于器质的或功能的缺陷使个体能力受损，不能按照社会认可的方式行事，致使其行为后果对本人或社会带来不适，则被认为行为产生偏差。

15. D 家庭教养模式包括娇纵型、支配型、专制型、放任型、冲突型和民主型。民主型家庭成员间互相尊重、平等交流，父母对子女既有约束，又有鼓励。这种民主型教养方式下的孩子自尊、自信、自律性强，具有创造性，社交能力强，具有成就动机等良好社会适应性的个性特征。

16. D ERG 理论是阿尔德弗尔于 1969 年提出的一种与马斯洛需要层次论密切相关

但又有所区别的理论。他把人的需要分为以下三类。①生存需要。这类需要关系到人的机体的存在或生存，包括衣、食、住以及工作组织为使其得到这些因素而提供的手段。②关系需要。这是指发展人际关系的需要。这种需要通过工作中或工作以外与其他人的接触和交往得到满足。③成长需要。这是个人自我发展和自我完善的需要。这种需要通过发展个人的潜力和才能，使人得到满足。

17. D　人类行为的可控性特点是指人类行为是人发出的行为，人类能有意识地控制和调节自身的行为，使其向着目标前进。

18. B　心理社会治疗模式有三个特点：注重从人际交往的场景中了解服务对象、运用综合的诊断方式确定服务对象问题的原因、采用多层面的服务介入方式帮助服务对象。

19. C　缘由诊断是对服务对象困扰产生、变化的过程进行分析，如服务对象的困扰是什么时候产生的，有什么重要的影响事件，在服务对象的成长过程中有什么样的变化等，是对服务对象个人历史的考察。

20. C　根据危机介入理论，危机的发展包括危机、解组、恢复和重组四个阶段。恢复阶段是指服务对象经历了解组的痛苦经历之后，开始调整自己的行为方式，寻找适应危机环境的新的解决方法的阶段。

21. D　对于老年人失智和失能问题，以预防为主，主要从增强心理素质、加强体育锻炼、注意饮食健康几个方面进行预防。对于已经出现失智和失能问题的老年人要联系有关的机构，为其提供日常生活照顾服务。

22. A　危机是指一个人的正常生活受到意外危险事件的破坏而产生的身心混乱的状态。受助者亲人去世属于一个危机。志愿者介入危机时的基本原则包括：①及时处理；②限定目标；③输入希望；④提供支持；⑤恢复自尊；⑥培养自主能力。限定目标是指把精力集中在目前有限的目标上。

23. C　服务工作计划的基本内容涉及以下七个方面：①服务对象的基本情况，包括服务对象的姓名、性别、年龄、婚姻状况和职业等情况；②服务对象希望解决的问题，包括主要问题以及其他一些相关的问题；③理论的依据，包括依据的主要理论，它的基本原理和重要概念；④服务计划的目标，包括总目标和每一阶段的子目标；⑤服务开展的基本阶段和采取的主要方法，包括各阶段需要解决的问题、采用的主要方法、预计达到的成效以及发掘和运用的资源；⑥服务开展的期限，包括每一阶段的时间安排和总的时间期限；⑦联系方式，包括直接见面和不直接见面的联系方式。

24. A　自我披露是指社会工作者有选择地袒露自己的亲身经历或者处理事情的方法，为服务对象提供参考。社会工作者在披露自己的亲身经历时，为避免给服务对象造成不必要的压力，可以强调是个人经验，仅供参考。

25. B　会谈技巧中的摘要技巧是指社会工作者将服务对象长段谈话或者不同部分的话题进行整理，概括和归纳其中的要点。

26. C　人格发展反思是社会工作者帮助服务对象重新认识和评价自己以往的经历、调整自己人格的技巧。例如，帮助服务对象了解成长过程中的重要影响事件、周围他人对自己的影响等，都属于人格发展反思技巧。

27. D 成长小组的工作旨在帮助组员了解、认识和探索自己，从而最大限度地运用自己的内在及外在资源，充分发挥自己的潜能，解决所存在的问题并促进个人正常健康发展。选项A属于教育小组，选项B属于支持小组，选项C属于治疗小组。

28. C 互动模式也称交互模式或互惠模式，是基于人与环境和人与人之间的关系而建立的一种小组模式，旨在通过组员之间、组员与小组及社会环境之间、小组与社会环境之间的互动关系，促使组员在小组这个共同体的相互依存中得到成长，增强组员的社会功能，提升其发展能力。

29. A 对小组组员遴选和评估的要件主要有：一是共同或相似的问题，或者有共同的兴趣和愿望；二是年龄和性别（如果有此要求的话）；三是文化水平及对某些问题的认识；四是家庭状况；五是职业状况；六是对参加小组的要求。社会工作者选择何种小组类型开展工作，取决于即将参加小组的成员的问题和真实需求。大体来说，具有共同或相似问题的某些人、具有共同或相似服务的某些人，都是构成特定类型社会工作小组的前提。

30. A 在小组工作的转折阶段，社会工作者应该认识到组员经过处理抗拒和冲突的过程，会养成一定的自我管理、自我决策的能力，但尚未达到完全独立自主的状态。这时，社会工作者还需要适当控制小组的进程，引导组员以小组为中心的互动，创造一个以小组为中心的情境，以期更好地实现小组目标。

31. A 积极回应是指社会工作者在组员发言之后，要站在同理心的角度，向发言者表达对其发言的高度重视，认真了解和把握发言者的用意与感受，并伴以积极回应。可以通过复述组员讲述的内容，让发言者感受到被理解和被重视。

32. D 小组目标达成后应该按照计划结束小组。结束小组的时候，要妥善处理组员的离别情绪，对于个别情绪较为突出的组员，可以个别跟进解决。

33. A 当小组讨论中遇到以下情况时，需要社会工作者进行摘述：讨论段落结束时；讨论主题被岔开时；变换主题时；组员的发言过长时；组员的发言过于复杂或宽泛时；组员意见对立或争执很久时；组员发言声音过小时；组员在发言中语言出现障碍时。社会工作者的摘要发言一定要简要明晰，在摘要后应该征求发言组员的意见，以确认自己摘要的正确性。

34. B 在工作准备阶段，社会工作者按照本小组的类型、特点及人数要求等，确定参加本小组的成员；社会工作者需要综合分析每一位组员的生理、心理、情绪、教育程度等个体性特征，通过综合考虑，设计出具有针对性的、组员当下的能力可以适应的小组活动。

35. C 社区工作专家罗斯曼将社区工作的目标分为任务目标和过程目标。其中，任务目标是指解决一些特定的社会问题，包括完成一项具体的工作，满足社区需要，达到一定的社会福利目标等，如修桥铺路、安置无家可归者、解决社区环境污染问题等。

36. D 地区发展模式是指社会工作者协助社区成员分析问题、发挥其自主性的工作过程，目的是提高他们及地区团体对社区的认同，鼓励他们通过自助和互助解决社区问题。新建社区的相关问题，不适宜通过地区发展模式来解决。

37. C 社会工作者要收集环境发展趋势方面的资料，了解对新计划有影响力的人士和团体，分析他们的利益和需要。此外，还要考虑如何获得财政支持和人力支持，并预测整体环境的改变和发展趋势，了解新计划可能面对的机会、竞争和障碍。

38. D　为了鼓励和协助与会者发表意见，带动讨论，让与会者有平等参与的机会，提问和邀请发言是常用的技巧。社会工作者可以向全体与会者提问，如"大家怎么看这个问题"，以鼓励自由发言，提高与会者的参与程度。当需要特定人士的意见或者需要阻止个别人垄断发言机会时，社会工作者可以通过个别点名的方式提问和邀请发言。

39. D　对问题的描述是认识问题的起点，意在弄清问题的表现或者症状。任何社区问题都是客观事实与主观感知共同作用的产物，一方面社区中确实存在某种现象，另一方面社区成员对这种现象表示了不满或担心，希望改变或消除这种现象。因此，社会工作者在描述问题时不应只关注客观存在的事实和状况，还要关注社区成员对现状的感知和察觉，明白居民对问题的认识和描述，理解居民对问题的体验感受。

40. C　社会工作者在小组讨论中，通常有五种提问类型：一是封闭式的提问，如"是不是"；二是深究回答型的提问，社会工作者可以用"描述""告诉""解释"等词提问；三是重新定向型的提问，如"刚才小李提到了这个问题，其他组员对这个问题是怎样想的？"四是反馈和阐述型的提问，如"我们已经讨论了一段时间，谁能对此总结一下吗？"五是开放式的提问，如用"怎样""为什么"等词提问。

41. B　除了独立运作外，有些团体或组织为了增加资源和影响力而组成联合组织或结成联盟。这种联盟式关系中的各组织通常在互惠交换的基础上合作，联盟内的成员通过参加联盟而得以壮大自身的力量，分享到更多的资源并得到联盟的支持，但同时也要接受联盟的指导，放弃一定的自主性，付出自己所拥有的部分资源。一些地区成立的志愿服务联合会就属于联盟式关系。

42. C　成果评估主要是考察工作成果在多大程度上实现了预定的目标。成果评估可以帮助社会工作者了解有关工作是否能使服务对象发生改变以及变化的程度如何，也有助于确定工作成功或失败的原因。

43. C　自我管理型团队也被称为高绩效团队，自然形成的工作小组，被赋予了较大的自主权，集计划、指导、监督和控制于一身，包括控制工作节奏、决定工作任务的分配、安排工作或休息等。

44. C　社会服务策划的形式有多种，在社会工作领域主要形式有四种：战略性策划、方案发展策划、问题解决策划、创新策划。其中，方案发展策划的主要过程是：需求评估→目标制定→考虑机构的总目标→方案目标的修订→探索各种可行方法→认识机构的局限性→选择可行性方法→方案活动的详细发展。

45. B　个人捐款的动机可以分为三种：一是个人需要。部分捐款人认为捐款可以满足自尊的需要，通过捐款施惠于人有快乐的感觉，并可以建立自尊和自我肯定，部分捐款人认为捐款可以得到别人的肯定，有利于建立社会形象。还有部分人捐款已成为习惯。二是外界影响。有些捐款者是受亲戚、朋友、同事的影响而捐款。三是利他动机。部分捐款人完全以利他为中心，愿意雪中送炭帮助他人。部分捐款人认为大家应该有福共享、有难同当，帮助他人。还有部分捐款人重视宗教理念，认为捐款是一种道德责任。

46. A 志愿者训练包括知识、技巧和态度三方面的灌输和交流，其主要内容之一是社会工作者根据服务岗位的要求，对志愿者进行服务实务知识的培训，以确保服务质量达到应有的水平。

47. C 社会工作督导的教育性功能要求督导者不仅要提供被督导者完成工作所需的知识，并要协助社会工作者由"知"转为"做"。督导者通过个别督导或团体会谈，发挥知识、能力、学习与自我觉醒反馈的效能。具体内容包括以下六个方面：①教导有关"服务对象群"的特殊知识；②教导有关"社会服务机构"的知识；③教导有关"社会问题"的知识；④教导有关"工作过程"的知识；⑤教导有关"社会工作者本身"的知识；⑥提供专业性"建议和咨询"。

48. A 方案的评估一般采用两种方法，即过程评估和效果评估。过程评估关注方案进行过程中服务对象和人数变化情况，服务方案中必须完成的主要工作项目的完成情况、资源使用情况、经费支出情况、是否按照预定的日期进行。效果评估主要测量的是方案实施后所产生的效果，包括实现程序和服务对象的改变程度。

49. A 定量研究的逻辑方法是演绎法：首先通过文献回顾和实地探索，归纳提炼出研究问题和研究框架，其次进行研究设计，最后依托问卷、统计表等工具收集资料，它追求研究资料和研究结论的精确性。

50. A 设计问卷的原则有以下五个方面：一是问卷要有信度与效度。二是考虑研究目的或研究类型。三是以回答者视角为主，关注其教育程度及语言习惯，避免过长或过于复杂，保持卷面整洁，让回答者认可、容易理解并回答。四是考虑问卷调查的障碍因素，如被调查者是否愿意、是否有能力回答等。五是整合研究目的、内容、样本特征和资料处理方法等因素，保证调查的可行性。本题中，修改问卷中问题的目的是便于让回答者理解问题。

51. D 定性研究注重找出具体独特的现象，收集和分析非数字化资料，描述回答者所经历的现实，探索社会关系，从而对个体进行理解、阐释和深度描述。

52. C 问题是问卷的核心所在，其类型分为态度、行为和状态。状态涉及人口社会特征、个人经历及其他信息，如性别、年龄、文化程度、婚姻状况、收入水平等。

53. B 根据题干描述，没有谈到研究者将开展实验，因此不适合采用实验研究方法，故排除选项A。社会工作者并没有表达出要对这些具有偏差行为的儿童提供社会工作专业服务的意图，故排除选项C。题干中提到"社会工作者为了全面、深入地了解留守儿童的家庭教育对留守儿童行为的影响"，如果使用问卷调查的方法恐怕难以弄清儿童成长环境的情境作用，故排除选项D。

54. C 《中华人民共和国民法典》规定，因胁迫结婚的，受胁迫的一方可以向人民法院请求撤销婚姻。请求撤销婚姻的，应当自胁迫行为终止之日起一年内提出。被非法限制人身自由的当事人请求撤销婚姻的，应当自恢复人身自由之日起一年内提出。

55. D 未成年人合法权益的主要内容包括：①生存权；②发展权；③受保护权；④参与权。

56. B 《中华人民共和国劳动合同法》第三十四条规定，用人单位发生合并或者分立等情况，原劳动合同继续有效，劳动合同由承继其权利和义务的用人单位继续履行。第四十八条规定，用人单位违反本法规定解除或者终止劳动合同，劳动者要求继续履行劳动合同的，用人单位应当继续履行；劳动者不要求继续履行劳动合同或者劳动合同已经不能继续履行的，用人单位应当依照本法第八十七条规定支付赔偿金。本题中，程某要求继续履行劳动合同，与甲公司签订的劳动合同继续有效，且由乙公司继续履行。

57. A 《中华人民共和国妇女权益保障法》规定，国家保障妇女享有与男子平等的财产权利。其中，妇女享有与男子平等的财产继承权，丧偶妇女对公婆尽了主要赡养义务的，在继承公婆财产时应作为第一顺序法定继承人，其继承权不受子女代位继承的影响。

58. C 《中华人民共和国残疾人保障法》规定，国家保障残疾人享有平等参与文化生活的权利，各级人民政府和有关部门鼓励、帮助残疾人参加各种文化、体育、娱乐活动，积极创造条件，丰富残疾人精神文化生活。

59. D 《中华人民共和国劳动法》规定，安排劳动者延长工作时间的，应当支付不低于工资的150%的工资报酬；休息日安排劳动者工作又不能安排补休的，支付不低于工资的200%的工资报酬；法定休假日安排劳动者工作的，支付不低于工资的300%的工资报酬。

60. D 《中华人民共和国人民调解法》规定，人民调解委员会调解民间纠纷，不收取任何费用。

二、多项选择题（共20题，每题2分。每题的备选项中，有2个或2个以上符合题意，至少有1个错项。错选，本题不得分；少选，所选的每个选项得0.5分）

61. ACD 我国的社会工作要遵循的基本原则有：①坚持中国共产党的领导；②坚持社会主义核心价值观的引领；③坚持以人民为中心的理念；④坚持职业化、专业化、本土化的发展路径。

62. DE 社会工作价值观主要包括基本信念和实践原则。其中，实践原则包括：①接纳；②非评判；③个别化；④保密；⑤当事人自决。社会工作者应与服务对象保持良好的沟通，必要时可以分享个人经历和感受，故选项A错误。社会工作者应遵循个别化的原则，故选项B错误。社会工作者应遵循当事人自决的原则，不应替服务对象作决定，故选项C错误。

63. BDE 面对危机中的服务对象，一是要有效稳定服务对象的情绪，二是积极协助服务对象解决当前问题并提供支持。社会工作者不能替服务对象作出决定。

64. ABCE 人类行为和社会环境的关系包括五个方面，即人们要适应社会环境、社会环境影响个人行为、社会环境和生物遗传共同对人类行为产生影响、人类能够改变社会环境、人类行为与社会环境关系的非平衡性。所以我们既要关注服务对象的行为，也要关注服务对象所处的社会环境，故选项A、B正确。由于社会环境和生物遗传共同对人类行为产生影响，所以还要关注服务对象的生物遗传因素，以及服务对象与社会环境之间的互动情况，故选项C、E正确。

65. BE 题干中并没有提到周老师有何疾病及面对疾病的态度,故选项A、D排除;也没有提到他经济收入减少产生生活上的困难问题,故选项C排除。

66. ABD 社会工作者在与服务对象的初次沟通协商过程中应专注聆听服务对象的困扰,注意运用简洁明了的语句表达自己的同理和接纳,避免将求助对象界定为有问题的人。另外,社会工作者也要充分尊重求助对象自己的意见,让求助对象自己决定是否接受机构的专业服务。

67. ABD 危机介入的内容包括:①迅速了解服务对象的主要问题,可采用开放式的提问方式帮助服务对象整理自己的想法和感受;②有效稳定服务对象的情绪,面对危机中的服务对象,一是要有效稳定服务对象的情绪,二是积极协助服务对象解决当前问题并提供支持。

68. CDE 引导性技巧是社会工作者主动引导服务对象探索自己过往经验的一系列技巧,主要包括以下三点。①澄清。社会工作者引导服务对象重新整理模糊不清的经验和感受,故选项C正确。②对焦。社会工作者将服务对象偏离的话题或者宽泛的讨论进行引导,将讨论集中于某个焦点,故选项D正确。③摘要。社会工作者将服务对象长段谈话或者不同部分的话题进行整理,概括和归纳其中的要点,故选项E正确。选项A、B分别运用的是影响性技巧中的对质和忠告。

69. AB 当一些组员垄断小组讨论时,或当组员的发言太抽象时,或当小组讨论脱离主题范围时,社会工作者可以采取限制的手段来处理小组或小组组员的行为。限制性技巧包括:①询问其他善于发言的组员或者其他未发言的组员;②及时切断话题,给予适时的打岔;③限定发言的时间;④调整发言的次序。

70. ACDE 不同阶段的小组活动方案,都应该包含经验分享环节,都应预留一定的时间让组员分享彼此的经验,鼓励组员发表参与小组活动的感受,讨论彼此在小组活动中的成长经验,总结有益的启示。实际上,经验分享环节,也是社会工作者评估小组活动是否达到预期目的的环节之一。

71. CDE 社会工作者在转折阶段的工作重点在于处理小组冲突,具体处理方法包括:①处理抗拒行为;②协调和处理冲突;③保持组员对整体目标的意识;④协助组员重新建构小组;⑤适当控制小组的进程。选项A、B是在小组活动开始阶段要做的主要工作。

72. CE 进一步说明是指当与会者所表达的意见不明确或者不完整时,社会工作者可以帮助他们进一步说明他们的意见,这也有助于其他与会者更准确地理解发言人的立场和观点,避免误会。根据题干描述,小赵是在鼓励周先生继续发言,故选项C、E正确。

73. ACDE 社会工作者可以通过以下几种方式让社区中的居民、团体和组织认识自己:①积极参与社区重要活动;②主办社区活动;③积极介入社区事务;④经常出现在社区居民之中;⑤报道社区活动。

74. CD 社会工作者一般都是社会服务组织(包括街道办事处、社区服务中心、以社区为本的非营利服务机构等)的成员,其所服务的组织或机构都有一套服务信念和使命,用来表示其存在的价值和提供服务的意义。使命代表了社会服务组织未来的理想、蓝图、目标和信念。明确的服务使命可以鼓励社会工作者的认同，并指引他们明确工作的方向、范围、重要性、意义，以指导工作目标的建立，故选项C正确。组织目标则指出了组织所要解决的社会问题和满足的社会需要，故选项D正确。

75. ACD　制订一个完备的服务工作计划，要求社会工作者做到以下五点：①准确分析服务对象的需要和问题；②明确服务工作的目标、阶段和方法；③熟悉服务机构提供的具体服务；④清晰认识社会工作者具备的能力；⑤了解服务对象拥有的资源。

76. BDE　工作发展与设计的重要任务是撰写"志愿服务工作说明书"，帮助志愿者了解工作任务、工作需要的技能、需要完成的工作成果等。志愿者在奉献时间、知识和技能时，更重视自我的收获。社会越来越关注志愿服务所带来的负面效果，这也迫使社会服务机构加强管理。志愿者训练包括知识、技巧和态度三方面的灌输和交流。需要评估与方案规划过程主要包括进行志愿者评估、机构本身评估和服务对象需要评估。

77. ABCD　社会工作研究的特性包括：①以弱势群体及其问题或需要为主要对象；②注重采用社会工作视角；③体现社会工作伦理；④研究目的在于促进实务及提升理论，从而推进民众福利；⑤研究者可以是资料的收集者、分析者和结果应用者。

78. ACDE　定量研究参照自然科学研究的模式，其基本程序包括：①研究准备，即提出问题、进行研究假设和制定研究方案；②资料收集，即采用具体方法收集资料；③资料研究，即对事实进行归纳、概括或检验研究假设；④总结阶段，即通过分析、抽象和综合，得出研究结论。

79. BCDE　2021年，《中共中央 国务院关于加强基层治理体系和治理能力现代化建设的意见》发布，提出以习近平新时代中国特色社会主义思想为指导，坚持和加强党的全面领导，坚持以人民为中心，以增进人民福祉为出发点和落脚点，以加强基层党组织建设、增强基层党组织政治功能和组织力为关键，以加强基层政权建设和健全基层群众自治制度为重点，以改革创新和制度建设、能力建设为抓手，建立健全基层治理体制机制，推动政府治理同社会调节、居民自治良性互动，提高基层治理社会化、法治化、智能化、专业化水平。

80. ADE　分析题干可知，老李子女侵犯了他的婚姻自由权、享受家庭赡养的权利和住房权。

考前冲刺试卷（二）参考答案

一、单项选择题（共60题，每题1分。每题的备选项中，只有1个最符合题意）

1. D　专业社会工作是由受过社会工作专业训练的人开展的助人活动。改革开放以来，特别是近年来，一些受过社会工作教育和培训的人以专业理念为指导，运用社会工作的专业知识和方法对困难人群开展服务。他们或在社会工作服务机构内，或在某些医院、学校和社区中开展服务。这是一种新型的社会工作，也是与国际接轨的社会工作。

2. A 社会工作的特点包括专业助人活动、注重专业价值、强调专业方法、注重实践、互动合作和多方协同。

3. C 选项A、B是服务对象层面的目标，选项D是文化层面的目标。

4. B 从发展较快国家和地区的实践看，社会工作优先帮助的都是社会上最边缘、最困难、从道义上来讲最需要帮助的人。这些人包括：①孤儿、无依无靠的老人和残疾人；②精神病患者；③因失业而沦为生存困难者。

5. D 社会工作构成要素，包括服务对象、社会工作者、价值观、专业方法和助人活动等。社会工作者的素质、能力和经验直接影响着社会工作的进程和成效，故选项A错误。社会工作的服务对象不但包括在生活上陷入困境自己难以解脱的个人、经济困难和成员关系严重失调的家庭，也包括陷入困境的社会群体以及内部关系不佳缺乏发展活力的社区，故选项B错误。社会工作价值观正是通过专业教育形成的，也是在服务实践中养成的，故选项C错误。助人活动反映了价值观和工作方法，是社会工作的基本实践活动，故选项D正确。

6. A 个案工作是不是最有效的方法需要根据实际情况确定，故选项B错误。不管在哪，社会工作的根本目标都应聚焦在人身上，故选项C错误。直接服务或间接服务是不是最有利的方法需要根据实际情况而定，故选项D错误。

7. C 社会工作者小林目前遇到的伦理困境是"要不要将这件事情报告给小高的班主任和学校"。题干体现了社会工作者社会工作价值观中解决伦理难题的作用。

8. B 社会工作者对同事的伦理责任体现在社会工作是一个服务协作和注重团队努力的专业活动，非常强调同事之间的合作精神。在专业服务过程中，社会工作者应彼此尊重、相互帮助。

9. A 小周在提供服务时尊重老人的差异，属于个别化和非评判原则的内容。

10. B 践行社会公正是指社会工作者应从改革和发展的角度努力推动社会变革，在服务中与服务对象一起工作，并了解他们的问题和需要，在社会政策的推行过程中倡导和寻求积极的社会变革。

11. A 在社会工作实践中，保护生命原则高于其他所有伦理原则，是社会工作服务中的第一原则。

12. B 题干的描述体现了归属于某个集体的需要，即马斯洛需要层次论中归属与爱的需要。

13. D 成长的需要是个人自我发展和自我完善的需要。这种需要通过发展个人的潜力和才能，使个人得到满足。

14. D 民主型家庭的成员互相尊重、平等交流，父母对子女既有约束，又有鼓励。这种民主型教养方式下的孩子自尊、自信、自律性强，具有创造性，社交能力强，具有成就动机等良好社会适应性的个性特征。本题中，小宁的父母尊重他的想法，既有约束，又有鼓励，小宁的表现也符合民主型教养模式的特征。

15. B 由于人类具有很强的能动性，所以人类可以改变自然环境，也可以改变社会环境。如个人独创的行为模式被其他社会成员仿效，并广泛地推行，就可以形成一种新的行为模式。领袖人物或者大众的一致行为，对社会环境的影响作用巨大。本题中，人们开展的送温暖行动，营造了互相关爱的社会氛围，突出体现的是人类行为能够改变社会环境。

16. C　青少年的情绪发展比较丰富和强烈，出现两极发展特征。情绪发展的两极性使青少年经常出现反抗情绪，需要加强情绪的自我调节。

17. D　反思性直接治疗技巧主要包括现实情况反思、心理动力反思和人格发展反思。现实情况反思是指社会工作者帮助服务对象对自己所处的实际状况作出正确的理解和分析的技巧。心理动力反思是指社会工作者协助服务对象正确了解和分析自己内心的反应方式的技巧。人格发展反思则是社会工作者帮助服务对象重新认识和评价自己以往的经历、调整自己人格的技巧。

18. A　危机介入的基本原则包括及时处理、限定目标、输入希望、提供支持、恢复自尊和培养自主能力。

19. D　效果评估是针对服务介入活动的效果进行评估，包括服务对象是否发生改变、改变的程度以及实现服务目标的程度等。过程评估则是针对服务介入的具体过程进行评估，包括服务运用的策略、方法和技巧以及影响每次服务介入活动的影响因素等。

20. A　每个求助对象来到服务机构请求帮助的愿望是不同的，有的仅仅是进行咨询，有的是第一次寻求正式的帮助，有的是有失败的求助经验，有的是被迫寻求帮助。对于前来寻求帮助的人，社会工作者首先需要了解他们的愿望，用心倾听他们的诉求，进行一个简要的评估，确定是否需要立即给予必要的帮助。

21. A　心理社会治疗模式的诊断包括心理动态诊断、缘由诊断和分类诊断。其中，分类诊断是对服务对象生理、心理和社会三个方面的影响因素作出判断。

22. B　同理心技巧要求社会工作者设身处地体会服务对象的内心感受，理解服务对象的想法和要求。

23. B　需求的表达，即服务对象面对周围人的误解和质疑时，社会工作者把服务对象的想法和要求解释给周围人听，让周围人对服务对象有更正确的了解。

24. D　坦诚和保密是对社会工作服务提出的要求，不属于对个案工作策划方案提出的要求。

25. B　支持小组一般是由具有某一共同性问题的小组组员组成的。通过小组组员彼此之间提供信息、建议、鼓励和情感支持，达到解决某一问题和成员改变的效果。在支持小组中，最重要的是小组组员的关系建构、相互交流和相互支持。

26. C　不同阶段的小组活动方案，都应该包含经验分享环节，都须预留一定的时间让组员分享彼此的经验，鼓励组员发表参与小组活动的感受，讨论彼此在小组活动中的成长经验，总结有益的启示。实际上，经验分享的环节，也是社会工作者评估小组活动是否达到预期目的的环节之一。

27. D　互动模式的实施原则包括开放性的互动、平等性的互动和"面对面"的互动。

28. D　发展模式下的小组工作，特点是鼓励组员积极参与小组活动，积极表达自己并找出小组共同的兴趣和目标，形成积极的小组互助关系，促进组员和小组的共同成长。为此，社会工作者在运用发展模式时，应坚持贯彻以下两个原则：一是积极参与原则，即要协调和鼓励组员在小组活动中，主动表达自己的困惑或者对发展的建议，积极分享和学习自我发展的经验。二是"使能者"原则。既要支持、帮助小组组员通过各种活动，相互关心、相互帮助和分享，更要发展认知、激发潜能，提升组员解决问题、整合社会资源及自我发展的能力。

29. B　社会工作者应该协助组员保持已经改变了的行为，并在日常生活中运用在小组中获得的成长经验，主要方法有模拟练习、树立信心、寻求支持、鼓励独立、跟进服务等。

30. C　促进组员之间沟通的技巧包括提醒组员相互倾听、鼓励组员相互表达、帮助组员相互理解、促进组员相互回馈、示范引导。

31. B　鼓励的技巧是指在小组讨论中，对某些比较内向，或者容易害羞的成员要给予支持，不要逼他发言，而是关注他的行动，投以鼓励的目光，等他们获得了勇气后再发言。对他们的发言，社会工作者可以重复他们的意见，对正确的方面给予积极的鼓励，以树立起他们的信心和安全感。本题中，小李顾虑比较多，想发言又不敢发言，因此需要运用鼓励的技巧。

32. D　组前计划评估是评估小组的设计和计划过程。它主要包括收集相关资料。在收集资料阶段，社会工作者需要回顾检索与自己所开小组相关的文献、资料和记录，查阅有关论文和书籍等。

33. C　任务目标是指完成实际的工作或解决一些特定的社区问题，如提供某些服务，通过争取一些支持来改善社区生活质量。过程目标是指通过社会工作过程达到的目标。在地区发展模式看来，提升居民解决问题的能力来实现自助是最重要的发展目标，而这一目标又是在持续的社区过程中形成的。

34. D　地区发展模式强调社区成员通过参与和合作，以集体的形式来挖掘和利用社区资源，共同解决社区问题，满足社区需求，增强社区凝聚力和归属感。选项D符合地区发展模式的特征。

35. A　在社会策划模式中，社会工作者是技术专家和方案实施者。选项B、C、D均属于地区发展模式的特征。

36. B　"由社区照顾"是指由家庭、亲友、邻里、志愿者等所提供的照顾和服务，其核心是强调动员社区内的资源，发动在社区内的亲戚、朋友和邻里协助提供照顾。本题中，小张从社区志愿者资料库中寻找志愿者，运用了由社区照顾的实施策略。

37. A　规范型需要是专业人员、行政人员或专家学者依据专业知识和现有规定或规范，所指出的特定需要标准。当服务设施与服务项目不符合规定时，就存在规范型需要。

38. C　制定策略的主要步骤包括提出策略、评估策略和筛选策略。选项C属于实施社区工作计划的内容。

39. D　管理社区资源的第一步是分析社区资源。选项A为资源开发，选项B为资源链接，选项C为资源维系。

40. C　社会工作者在社区组织的管理中所扮演的角色应随着组织的发展而有所不同。组织成立之初，社会工作者可能亲自承担较多的管理工作。发展过程中，社会工作者应注重建立和完善组织的内部规章制度，发现和培养组织的领导者。最终，社会工作者不再直接担负组织的管理工作，只在必要时为组织提供咨询服务，实现社区组织的自我管理。

41. D　控制是指社会行政组织在动态变化的环境中，为确保实现既定目标而进行的检查、监督、纠偏等管理活动。控制工作的目的就是保证机构服务活动的有序与高效。具体的控制行为有：一是确保行政实施计划的实施方向，使行政实施的工作状态与行政计划的工作状态尽量相符合，确保行政实施的结果和人们的预期目标一致；二是实行授权管理，对员工的工作进程和绩效加以考核；三是发现错误，纠正错误，减少冲突。

42. B　问题认识主要是要认识需要解决的社会问题。认识方法有两种，即"问题认识工作表"和"分支法"。其中，"分支法"的主要步骤是：首先确定要解决的全面性问题，其次是列明形成这个问题的"明确问题"，最后逐一列明造成这些明确问题的原因是什么。题干描述的是分支法的主要步骤。

43. A　社会服务机构主管可授权的内容包括：一是分派任务，即指派下属或员工完成多项任务，机构主管在任务分派时必须考虑分派给具有执行权力的下属（秘书长将任务分解后指派给相关职能部门，体现了分配任务）；二是授予权力，在任务分派出去之前，权力应当作为能够用来完成任务的工具而进行授予，目的是保证下属能良好地运用权力、完成任务（根据工作量授予部门主管人员使用调配权，体现了授予权力）；三是明确责任，机构主管将权力授予下属的同时，还应告知下属对分派的任务和接受的权力所要担负的责任，这些责任不仅包括执行过程，也包括及时汇报、沟通和协调。

44. C　迎新说明是为了让志愿者进一步了解社会服务机构的使命目标、服务对象、内容和运作方式，使志愿者积极工作，促进机构目标的实现。

45. A　政府购买服务就是通过发挥市场机制作用，把政府直接向社会公众提供的一部分公共服务事项，按照一定的方式和程序，交由具备条件的社会力量承担，并由政府根据服务数量和质量向其支付费用。本题中，社会工作服务机构通过参加公益创投获得地区民政部门的资金支持，属于政府购买服务。

46. A　教育性督导、行政性督导和支持性督导的区别在于内容，而非形式。社会工作督导的教育性功能要求督导者不仅要提供被督导者完成工作所需的知识，并要协助社会工作者由"知"转为"做"。督导者通过个别督导或团体会谈，发挥知识、能力、学习与自我觉醒反馈的效能。支持性督导强调给予被督导者情感、心理的帮助。

47. B　实证主义认为社会研究旨在说明社会现象或规律是什么，而不是说明社会现象应该或必须是什么。

48. B　社区高龄老人因身体机能下降，在听说读写、行动能力等方面存在弱势，最适宜的方式是社会工作者上门探访，以问答的方式来进行问卷调查和填写。

49. D　问卷的问题和答案设计需要注意多方面细节。一是关于答案。开放式问题的答案应注意空间大小的适当性，封闭式问题中单项选择的答案必须满足穷尽性和互斥性。其中，穷尽性指答案包含所有可能，互斥性指不同答案并不交叉。如"性别"分男女，就同时满足了上述要求；"婚姻状况"分"未婚""已婚""离婚"和"丧偶"，就没有满足互斥性。二是关于语言。问题语言应该简短明了，避免双重含义，不要有倾向性，对敏感问题注意提问方式。如"你父母支持你就读社会工作专业吗"就包含了父亲支持与否和母亲支持与否两个问题，在父母意见不同时被访者就难于回答。三是关于排序。一般而言，被访者熟悉或感兴趣的、简单的、封闭式的问题可以置于前面，行为、态度、背景、敏感的问题放在后面。这利于被调查者较快进入状态，提高问卷回答的完整度。四是关于题数。无论研究内容、性质、方法、资源、礼品、对象兴趣等方面状况如何，回答问卷所花时间越短越好。有时，设计者或研究者希望获得尽可能多的问题答案，但这可能导致被访者的随意圈填和空白，从而降低了问卷调查的质量。根据经验，一份问卷最好让被调查者能在30分钟左右完成为宜。

50. C　定性研究不同于定量研究，其一般过程包含研究准备，资料收集、整理与分析，总结应用等阶段。边收集、边整理分析是定性研究的特征。

51. C　问卷设计需要考虑信度与效度，故选项A排除；问卷题量不宜过多，否则会影响答题质量，1~2小时太长，故选项B排除；问卷需要考虑研究的目的和类型，故选项D排除。

52. D　个案研究适用于了解真实场境中的现象、考察现象与其场境边界不清、资料多元、资料不易量化或数据化等场合。个案研究的资料收集有其特色。特色之一是非正式，可以不拘时间、地点并用多种方法进行研究。特色之二是手段和资料多元，研究者可以运用各种手段，采用不同角度，进行访问、观察、记录等，详细记载研究对象的各方面资料。访问记录、观察记录、个人文稿、官方文献、新闻报道、他人评论等都是其重要资料载体。特色之三是详尽深入，对个人生活史及有关文献都加以考虑，常使用历史视角把握资料，并在此过程中注重服务对象的主观感受。特色之四是强调应用性研究，注重改变行为的模式。

53. D　《中华人民共和国老年人权益保障法》规定，老年人与配偶有相互扶养的义务。由兄、姐扶养的弟、妹成年后，有负担能力的，对年老无赡养人的兄、姐有扶养的义务。因此承担相应义务的是由兄、姐扶养的弟、妹，而不是只要有血缘关系就必须承担扶养义务。

54. C　禁止用人单位招录（聘）过程中歧视妇女。用人单位在招录（聘）过程中，除国家另有规定外，不得实施下列行为：①限定为男性或者规定男性优先；②除个人基本信息外，进一步询问或者调查女性求职者的婚育情况；③将妊娠测试作为入职体检项目；④将限制结婚、生育或者婚姻、生育状况作为录（聘）用条件；⑤其他以性别为由拒绝录（聘）用妇女或者差别化地提高对妇女录（聘）用标准的行为。用人单位在录（聘）用女职工时，应当依法与其签订劳动（聘用）合同或者服务协议，劳动（聘用）合同或者服务协议中应当具备女职工特殊保护条款，并不得规定限制女职工结婚、生育等内容。

55. A　《工伤保险条例》第十五条规定，职工有下列情形之一的，视同工伤：①在工作时间和工作岗位，突发疾病死亡或者在48小时之内经抢救无效死亡的；②在抢险救灾等维护国家利益、公共利益活动中受到伤害的；③职工原在军队服役，因战、因公负伤致残，已取得革命伤残军人证，到用人单位后旧伤复发的。

56. A　《中华人民共和国劳动合同法》第五十八条规定，劳务派遣单位应当与被派遣劳动者订立二年以上的固定期限劳动合同,按月支付劳动报酬;被派遣劳动者在无工作期间,劳务派遣单位应当按照所在地人民政府规定的最低工资标准,向其按月支付报酬。

57. D 法律规定有两类可撤销婚姻:①受胁迫的可撤销婚姻;②隐瞒重大疾病的可撤销婚姻。

58. A 确定实际补助水平属于县级民政部门的职责范畴。

59. B 可以申请相关医疗救助的人员包括:①最低生活保障家庭成员;②特困供养人员;③县级以上人民政府规定的其他特殊困难人员。选项A、C、D均不属于上述范畴。

60. B 《中华人民共和国劳动法》规定,安排劳动者延长工作时间的,应当支付不低于工资的150%的工资报酬;休息日安排劳动者工作又不能安排补休的,支付不低于工资的200%的工资报酬;法定休假日安排劳动者工作的,支付不低于工资的300%的工资报酬。

二、多项选择题(共20题,每题2分。每题的备选项中,有2个或2个以上符合题意,至少有1个错项。错选,本题不得分;少选,所选的每个选项得0.5分)

61. AC 社会工作的基本要素是社会工作者和服务对象。

62. BE 社会工作价值观的基本信念包括尊重、独特性和相信人能改变。"尊重"主要体现为社会工作者在接触并与服务对象沟通过程中保持尊重的态度与方式,对服务对象的外表、谈吐、宗教观念和家庭背景等不表现出任何批判或负面倾向,尊重服务对象在服务过程中表达观点、意见或决定,不把社会工作者自身的意见或建议强加给服务对象,故选项A、C错误,选项B正确。"独特性"要求社会工作者采取个别化方式、有针对性地提供服务。"相信人能改变"体现为社会工作者始终相信服务对象的潜能和能动性,故选项E正确。选项D未涉及社会工作价值观的基本信念内容。

63. BD 选项A:以服务对象为本是正确的,接受老张的请求是错误的,老张的请求是不愿工作,让小王直接为其申请最低生活保障,不符合老张长远的利益。选项C:服务对象问题的解决需要服务对象的参与,小王可以咨询督导的意见,但不能绕过老张直接和督导商议解决问题的办法。选项E:低保的政策要求是看家庭人均收入,直接说不符合并终止服务是错误的。

64. BCD 大众传媒对人类行为的影响包括以下五个方面:①可以为受众提供支持其固有立场、观点和行为的有关情况,从而增强受众的固有观念和行为;②在争议不大且没有其他因素干扰的情况下,大众传媒只要重复传播内容,就能直接改变受众的行为;③大众传媒可以使受众改变其原有的立场;④可以提供信息引导人们的行为;⑤为受众提供行为规范,供他们选择。

65. AD 中年阶段容易遇到的问题包括:早衰综合征、更年期综合征、婚外恋和家庭暴力。选项B属于青年阶段容易遇到的问题,选项C属于老年阶段容易遇到的问题,选项E属于学龄期阶段容易遇到的问题。

66. ABC 心理社会治疗模式的特征包括：①注重从人际交往的场境中了解服务对象；②运用综合的诊断方式确定服务对象问题的原因；③采用多层面的服务介入方式帮助服务对象。

67. ABCE 为了帮助服务对象顺利面对服务工作的结束，社会工作者需要做好以下四项工作：一是预先告知服务对象，让服务对象对服务结束做好准备；二是巩固服务对象在已经开展的服务工作中获得的改变和进步；三是与服务对象一起探讨影响问题解决的因素，为服务对象结案之后独立面对问题做好准备；四是鼓励服务对象表达结案时的情绪，与服务对象一起探讨结案后的跟进服务。

68. BCD 初次面谈，更多地应该用支持性技巧，给予服务对象鼓励，建立信任关系。支持性技巧主要包括专注、倾听、同理心和鼓励。

69. ACE 选项B的做法容易给小丁造成压力，甚至伤害；选项D的做法容易在小组内形成错误导向。

70. CDE 在转折阶段，小组组员最常见的显著特征是对小组具有较强的认同感、互动中的抗拒与防卫心理、角色竞争中的冲突。

71. ABCE 小组过程评估是在小组发展中，收集相关资料，以显示组员变化和小组的发展过程状况。常用收集资料的方法有：标准化测量工具（问卷和量表）、自我报告、行为计量表、口头意见反馈、日记和日志、社会工作者的观察记录、小组过程记录、总结记录、书面评估表、组员作业和作品等。

72. BD 社区工作在实施阶段所做的工作是管理社区资源和执行工作方案。

73. ACDE 选项B建立民主领导风格属于培养居民骨干的技巧。

74. ABCD 收集社区资料的方法包括文献分析法、观察法、访问法、问卷调查法和社区普查法。

75. BCDE 可行性方案模型中有六个"筛选标准"：①效率；②效果；③可行性；④重要性；⑤公平；⑥附加结果。

76. ABC 教育性督导的内容包括：①教导有关"服务对象群"的特殊知识；②教导有关"社会服务机构"的知识；③教导有关"社会问题"的知识；④教导有关"工作过程"的知识；⑤教导有关"社会工作者本身"的知识；⑥提供专业性"建议和咨询"。选项D、E是关于疏导督导对象本身的情绪和心理压力的内容而非教授知识和技能，属于支持性督导。

77. ABD 个案研究是一种定性研究方法，资料收集有其特色。特色之一是非正式，可以不拘时间、地点并用多种方法进行研究。特色之二是手段和资料多元，研究者可以运用各种手段，采用不同角度，进行访问、观察、记录等，详细记载研究对象的各方面资料，故选项A正确。特色之三是详尽深入，对个人生活史及有关文献都加以考虑，常使用历史视角把握资料，并在此过程中注重服务对象的主观感受，故选项B选项正确。特色之四是强调应用性研究，注重改变行为的模式。个案研究有自身的优缺点。优点之一是有助于进行探索性研究，发现重要的变项以及提供有用的范畴，从而拟定假设或建立理论，故选项D正确。缺点之一是研究发现不能进行推论，故选项C错误。选项E属于定量研究方法，故排除。

78. ACD　选项B为否定式提问，具有导向性，不符合设计要求。选项E不符合互斥性原则，不符合设计要求。

79. ABDE　赡养关系不因父母的婚姻关系变化而改变，故选项C错误。

80. ABCE　《城市生活无着的流浪乞讨人员救助管理办法》规定，救助站主要提供以下救助服务：①提供符合食品卫生要求的食物；②提供符合基本条件的住处；③对在站内突发急病的，及时送医院救治；④帮助与其亲属或者所在单位联系；⑤对没有交通费返回其住所地或者所在单位的，提供乘车凭证。

考前冲刺试卷（三）参考答案

一、单项选择题（共60题，每题1分。每题的备选项中，只有1个最符合题意）

1. C　经济增长是经济领域的目标，故选项A错误。社会和谐是社会工作发展的目标而非前提，故选项B错误。专业社会工作是由受过社会工作专业训练的人开展的助人活动。一些受过社会工作教育和培训的人以专业理念为指导，运用社会工作的专业知识和方法对困难人群开展服务，故选项D错误。

2. B　社会工作具有专业助人活动、注重专业价值、强调专业方法、注重实践、互动合作和多方协同等特点。其中，注重专业价值是指社会工作者在从事社会服务时注重遵循理念、指导思想和伦理。

3. B　社会工作的目标分成服务对象、社会和文化三个层面：①服务对象层面的目标包括解救危机、缓解困难、激发潜能、促进发展；②社会层面的目标包括解决社会问题、促进社会公正；③文化层面的目标包括弘扬人道主义、促进社会团结。

4. C　社会工作者不但要面向服务对象提供直接服务，还要进行间接服务，即为直接服务提供支持性工作。社会工作者要承担的间接服务角色包括行政管理者、资源筹措者和政策影响者。

5. A　随着经济和社会的变迁以及环境的变化，新的社会问题不断出现，这就出现了社会工作的新领域。结合我国实际，社会工作的新领域包括就业促进工作、减灾社会工作、精神卫生社会工作和发展性社会工作等。

6. B　社会工作者面对服务对象（受助者）不但要提供直接服务或帮助，也要鼓励其在可能的情况下自强自立、克服困难、自我决策，即"助人自助"。因此，社会工作者应该成为服务对象积极反应的支持者、鼓励者，并应尽量创造条件使服务对象自立或自我发展。这里的支持是在认真评估了服务对象的需要、能力和可能性的基础上作出的。支持者的角色并不是要放弃服务提供，而是要激发服务对象的能力和克服困难的信心，使二者良性互动，从而更好地、更有效地解决问题。在这里，增强服务对象权能是社会工作者支持者角色的重要职责。

7. D　社会工作的基本对象是社会上最边缘、最困难、从道义上来讲最需要帮助的人。这些人包括：①孤儿、无依无靠的老人和残疾人；②精神病患者；③因失业而沦为生存困难者。

8. B　自决权是个人尊严的体现，除非万不得已，即便是社会工作者出于好意，一般也不主张社会工作者代替服务对象做出决定，因为这样做可能不利于服务对象发展自尊和挖掘潜能。本题中，老李有充分的自我决定权，由主治医生、老李的家人或社会工作者小王代替老李做出决定，都是不适宜的。

9. A　社会工作者有责任和义务有效保护服务对象的隐私不受伤害，这是社会工作伦理的基本原则。而在实践中，这一原则有时并不容易把握。在不同环境、不同情境下，社会工作者可能因为面对不同对象、处理不同问题、涉及不同人际关系和权利关系，在如何处理个人信息以及如何透露信息等环节上有时会陷入难以决断的局面，因此，需要做审慎的思考和判断，从而避免出现任何伦理错误和失误。

10. D　由于社会工作提供的是与人有关的专业服务活动，社会工作者应充分尊重每个服务对象的个性与人格，充分理解服务对象之间存在的差异。

11. C　在社会工作实践中，保护生命原则高于其他所有伦理原则，社会工作者不仅有义务保护服务对象的生命，也有义务保护其他所有人的生命。在服务过程中，如服务对象所陈述的个人隐秘资料中涉及第三方利益相关者的生命安全，社会工作者则有义务将相关信息知会第三方利益相关者，以确保其生命财产的安全，并提前做好相应的预防和准备。

12. D　社会工作专业伦理的基本原则包括服务对象为本、专业价值高于个人价值以及坚持专业的权威性

13. B　家长缺少爱心或耐心，管理方式粗暴，构成专制型家庭教养模式。在这种家庭中，孩子的人格、自尊、意志、权利不被尊重，家庭亲子关系是一种命令与服从的关系。这种教养方式易使孩子产生不信任感、戒备心理严重、自卑、消极、暴躁、懦弱、依赖或反抗权威等人格特征。

14. A　家庭有情感支持、性爱满足、繁衍后代、社会化和经济等功能。其中，社会化功能是指家庭是其成员的社会化的重要场所，家庭可以为孩子提供角色模型供孩子模仿学习，为将来更好地适应社会，进一步社会化打下良好的基础。

15. C　同辈群体是个人自由选择结合的结果，群体成员之间的交往是在自然随意的过程中进行的，成员之间相互依赖，对群体有较高的心理归属感和较强的认同性。

16. A　主干家庭是指由父母与一对已婚的子女共同居住生活的家庭类型，主干家庭是核心家庭在纵向上的延伸。

17. C　1周岁左右时孩子可能出现害羞、骄傲和负罪感等情绪，母婴依恋的形成是儿童情绪社会化的重要标志。

18. B　反思性直接治疗技巧主要包括现实情况反思、心理动力反思和人格发展反思。现实情况反思是指社会工作者帮助服务对象对自己所处的实际状况作出正确的理解和分析的技巧。心理动力反思是指社会工作者协助服务对象正确了解和分析自己内心的反应方式

的技巧。人格发展反思则是社会工作者帮助服务对象重新认识和评价自己以往的经历、调整自己人格的技巧。

19. A 危机之后经常伴随服务对象的一些破坏行为。因此，作为危机介入模式的一项重要任务，社会工作者在了解服务对象主要问题的过程中，需要对服务对象采取破坏行为的可能性和危险程度进行评估，以便给予及时的介入和治疗。快速作出危险性判断不仅对服务对象来说非常重要，还可以有效减少或者阻止服务对象的破坏行为，同时对社会工作者来说也非常重要，可以预防或者减轻对自己的伤害。

20. B 结案时可以采取不同的形式，最常用的有以下三种：①直接告诉服务对象；②延长服务间隔时间；③变化联系的方式。根据题干表述可知，小张采取了延长服务间隔时间的结案方式。

21. C 社会工作者扮演教育者的角色指导服务对象学习处理问题的新知识、新方法，调整原来的行为方式。

22. D 影响性技巧是社会工作者为服务对象提供必要的信息或者建议，让服务对象采取不同的理解和解决方法的一系列技巧。其中，自我披露是指社会工作者有选择地袒露自己的亲身经历或者处理事情的方法，为服务对象提供参考。社会工作者在披露自己的亲身经历时，为避免给服务对象造成没有必要的压力，可以强调："这是我个人的经验。"

23. D 澄清是指社会工作者引导服务对象重新整理模糊不清的经验和感受的技巧。

24. B 在接案过程中，社会工作者通常面临三项基本的任务：鼓励求助对象积极面对改变、明确求助对象的改变要求和确认求助对象的受助身份。一般而言，求助对象来到服务机构寻求帮助时，都抱有"试试看"的态度。一方面他们希望能够得到社会工作者的帮助，改变目前的生活状况；另一方面又对未来的改变缺乏信心，很容易出现害怕、担心、焦虑等情绪表现。这个时候，如果社会工作者能够给予及时、必要的鼓励，就能推动服务对象积极面对未来的改变。

25. B 心理社会治疗模式理论围绕的核心是心理因素和社会因素之间的关联，包括内部的心理、外部的环境以及两者之间的相互影响三个方面。心理社会治疗模式假设服务对象问题产生的原因可以概括为三个方面，即不良的现实生活环境、不成熟或者有缺陷的自我和超我功能以及过分严厉的自我防卫机制和超我功能。其中，不良的现实生活环境主要表现为过大的现实生活压力或者缺乏个人社会功能发挥的机会。本题中，小王的做法依据的是心理社会治疗模式。

26. B 教育小组的宗旨在于，通过帮助小组组员学习新知识、新方法，或补充相关知识不足，促使成员改变其原来对于自己问题的不正确看法及解决方式，从而实现小组组员的发展目标。教育小组在工作过程中，首先，要帮助小组组员能够认识到自我存在的问题并有自我解决问题的需要；其次，促使小组组员能够确立新观念、新视野，从而改变看问题的角度；最后，开展干预服务，降低小组组员的问题行为特征，以达到改变自我的目的。

27. B 青少年、儿童的小组活动每节时长一般在 30~40 分钟，故选项 A 错误。治疗小组一般在 5~7 人，儿童小组 6~8 人为宜，活动性、辅导型或教育性的小组规模要相对大一些，30~50 人均可，故选项 B 正确。青少年开设的户外拓展训练营更多侧重的是能力的提升，并非以每项拓展活动为最终目标，故选项 C 错误。一年级与六年级学生需要学习的性教育知识不同，不适宜安排在一起，故选项 D 错误。

28. C　在小组讨论中，可能因为某一个问题的观点不一致而发生争论，而争论的双方都希望社会工作者能支持自己的观点。此时，社会工作者的中立很重要，应避免与组员争论，不偏袒或属意任一方；不判断他人意见；仅提供问题，不给予答案；可以提供资料信息，但不予决断，仅作利弊分析或事实论述；随时保持中立的位置。

29. D　互动模式亦称交互模式或互惠模式，是基于人与环境和人与人之间的关系而建立的一种小组模式。互动模式下的小组工作，焦点在于互动关系及其效果。

30. B　小组工作开始阶段，社会工作者应做好以下五个方面的工作：①协助小组组员彼此认识以消除陌生感；②帮助小组组员厘清对小组的期望，提高他们对小组目标的认识；③讨论保密原则和建立契约；④制定小组规范；⑤营造信任的小组气氛。

31. C　小组规范是小组初期社会工作者和小组组员一起建立的适合管理和协调组员行为的准则。本题中，社会工作者可通过在小组中讨论小组规范，让玩手机的人主动认识到自己的问题所在，然后去纠正。

32. B　小组组员的相互认识、订立小组契约和规范都是增加小组安全感和信任感的重要手段。因此，社会工作者要致力于营造信任的小组气氛。其中，创造机会让组员表达自己的想法，通过组员间的相互回馈和关怀自然地产生信任，可以营造信任的氛围。

33. B　小组结束阶段社会工作者应帮助服务对象处理离别情绪，寻找新的社会支持网络。

34. B　社会工作者可以从以下三方面了解社区资源：一是它们所在的位置和日常运作以及对社区居民生活的影响；二是资源利用情况；三是社区居民参与状况。此外，社会工作者也需要了解社区目前提供了哪些社会服务，以及是如何输送给社区居民的。

35. C　过程目标是指促进社区居民一般能力的提升，如加强社区居民对公民权利和义务的了解，提升社会意识，增强居民解决社区问题的能力、信心和技巧，发现和培育社区居民骨干参与社区事务，建立社区内不同群体的合作关系等。

36. B　对资源不熟悉、认同感不强主要通过"协助社区了解居民"即"社区教育"来实现。选项 A 为针对部分邻里关系不良而采取的策略。选项 C 为针对社区服务和资源缺乏的问题。选项 D 为处理社区面对的部分共同问题，如环境和设施问题。

37. C　制定策略的主要步骤如下：①提出策略。采取"头脑风暴"方法让规划小组成员提出各种策略，故选项 C 正确。在操作中，社会工作者要注意任何人表达意见、观点时，都应被尊重；每个人都要提出意见，并尽情表达；鼓励"搭便车"的行为，从其他人的看法中衍生出自己的新意见，故选项 B 错误。②评估策略。运用符合性、可接受性、可行性三个指标去评估上一阶段提出的每个策略。在评估之后，应删除那些明显不可能的策略，即不符合目标、不被人们接受、没有任何可行性的策略，故选项 A 错误。③筛选策略。就保留下来的策略，运用 SWOT 分析法逐一分析实践该策略的可能性，选出一个或几个策略。选项 D 属于设计方案的步骤，故排除。

38. C "由社区照顾"是指由家庭、亲友、邻里、志愿者等所提供的照顾和服务。"由社区照顾"的核心是强调动员社会内的资源，发动在社区内的亲戚、朋友和邻里协助提供照顾。

39. A 社区社会工作者在进入社区之前必须对自己的工作有基本了解，包括了解自己所任职的机构。

40. D 居民骨干中有相当一部分人缺乏管理知识，依靠热情工作，不懂得权责分工，容易将许多工作集中在自己身上。这会造成分工不明、权责不清，导致居民骨干之间出现摩擦和工作效率低下等情况。社会工作者应加强居民骨干的权责分工意识，让他们认识到只有分工合作，才能做好社区工作。

41. D 招募活动中最有效的方法是直接与居民接触。

42. D 方案的评估一般采用两种方法：过程评估和效果评估。过程评估关注方案进行过程中服务对象和人数的变化，服务方案中必须完成的主要工作项目的完成情况、资源使用情况、经费支出情况、是否按照预定的日期进行。效果评估主要测量的是方案实施后所产生的效果，包括目标实现程度和服务对象的改变程度。题中"提高了儿童对社区的认识，搭建了儿童交流平台，提升了儿童社区参与意识"体现了效果评估的内容。

43. A 直线式组织结构是最简单的组织方式，组织由上而下分成若干层级，各层级中每一个部门地位相等、权责相符，层级间只有直线和垂直关系。

44. B 选项A属于项目申请，选项C项目申请书需要说明使用这笔资助的社会交代方法，选项D的筹资时间周期短。

45. C 社会工作督导的主要对象有四种：①新进入社会服务机构的社会工作者；②服务年限较短、经验不足的初级社会工作者；③在社会服务机构实习的社会工作专业学生；④社会服务机构的非正式人员，主要是指志愿者。

46. A 社会工作督导教育性功能的具体内容包括：①教导有关"服务对象群"的特殊知识；②教导有关"社会服务机构"的知识；③教导有关"社会问题"的知识；④教导有关"工作过程"的知识；⑤教导有关"社会工作者本身"的知识；⑥提供专业性"建议和咨询"。进行政策解读属于教导有关"社会问题"的知识。

47. A 认识问题和评估需要是社会服务方案的首要基础。认识问题的方法有两种，即"问题认识工作表"和"分支法"。

48. D 问卷调查采用匿名访问，有利于获得真实信息；收集到较多对象的资料，有利于中和个别人士的极端回答；收集数据的内容、时间、格式基本统一，从而资料处理相对容易并便于比较分析；在同一时段访问众多对象则节省不少资源。然而，问卷调查要求被研究者有一定文化，对地域也有一定要求；某些类型的问卷调查中访谈员无法当面对被研究者的回答进行指导和记录，填答质量可能难于保证。因此，综合考虑研究对象的特征、研究目的、资源可行性及相关因素，是问卷调查质量的重要保证。

49. D 定性研究以反实证主义方法论为基础，注重具体独特的现象，收集和分析非数字化资料，描述回答者所经历的现实，探索社会关系，从而对个体进行理解、阐释和深度描述。

50. C 研究假设通常可以采用条件式和差异式两种形式。条件式假设，如"社会工作者应变能力越强，服务对象积极改变的可能越大"；差异式假设，如"男女失业者在得到同样的货币福利后，其求职行为有所区别"。

51. A 问题是问卷的核心所在，有态度、行为和状态三种类型。态度说明对某个议题的看法，如"你对XY社工师事务所提供的服务满意吗"；行为代表实际行动状况，如"过去一星期你上过网吧几次"；状态涉及人口社会特征、个人经历及其他信息，如性别、年龄、文化程度、婚姻状况、收入水平等。

52. B 个案研究是对单个对象（家庭、团体、机构、组织、社区、学校、群体等）的某项特定行为或问题进行探索研究。

53. D 《社会救助暂行办法》规定，公安机关和其他有关行政机关的工作人员在执行公务时发现流浪、乞讨人员的，应当告知其向救助管理机构求助。对其中的残疾人、未成年人、老年人和行动不便的其他人员，应当引导、护送到救助管理机构；对突发急病人员，应当立即通知急救机构进行救治。

54. D 《女职工劳动保护特别规定》规定，女职工生育享受98天产假，其中产前可以休假15天；难产的，增加产假15天；生育多胞胎的，每多生育1个婴儿，增加产假15天。女职工怀孕未满4个月流产的，享受15天产假；怀孕满4个月流产的，享受42天产假。

55. C 《中华人民共和国残疾人保障法》规定，康复总体方针是：①康复工作应当从实际出发，将现代康复技术与我国传统康复技术相结合；②以社区康复为基础，康复机构为骨干，残疾人家庭为依托；③以实用、易行、受益广的康复内容为重点；④优先开展残疾儿童抢救性治疗和康复，实行康复与教育相结合；⑤发展符合康复要求的科学技术，鼓励自主创新，加强康复新技术的研究、开发和应用，为残疾人提供有效的康复服务。

56. D 《中华人民共和国老年人权益保障法》从家庭赡养与扶养、社会保障、社会服务、社会优待、宜居环境和参与社会发展六个方面对老年人的合法权益作出了规定。

57. B 《中华人民共和国民法典》规定，父母与子女间的关系，不因父母离婚而消除。离婚后，子女无论由父亲还是由母亲直接抚养，仍是父母双方的子女。离婚后，父母对于子女仍有抚养、教育、保护的权利和义务。离婚后，不满2周岁的子女，以由母亲直接抚养为原则。已满2周岁的子女，父母双方对抚养问题协议不成的，由人民法院根据双方的具体情况，按照最有利于未成年子女的原则判决。子女已满8周岁的，应当尊重其真实意愿。

58. C 在延长工作时间限制方面，《中华人民共和国劳动法》规定，因特殊原因需要延长工作时间的，在保障劳动者身体健康的条件下延长工作时间每日不得超过3小时，但是每月不得超过36小时。

59. B 《工伤保险条例》规定，职工有下列情形之一的，不得认定为工伤或者视同工伤：①故意犯罪的；②醉酒或者吸毒的；③自残或者自杀的；④法律、行政法规规定的其他情形。

60. B 《慈善组织认定办法》规定，申请认定为慈善组织，社会团体应当经会员（代表）大会表决通过，基金会、社会服务机构应当经理事会表决通过；有业务主管单位的，还应当经业务主管单位同意。

二、多项选择题（共 20 题，每题 2 分。每题的备选项中，有 2 个或 2 个以上符合题意，至少有 1 个错项。错选，本题不得分；少选，所选的每个选项得 0.5 分）

61. ABC 康复服务是针对残障人士开展的福利服务。就业服务是对就业有困难的人士提供的专业服务。对于那些有较严重精神疾病的患者来说，社会工作者可以对他们进行精神健康方面的服务和治疗。

62. ACD 根据国际惯例，社会工作专业的伦理守则应该包含以下六个方面的内容：①社会工作者对服务对象的伦理责任；②社会工作者对同事的伦理责任；③社会工作者对服务机构的伦理责任；④社会工作者作为专业人员的伦理责任；⑤社会工作者对社会工作专业的伦理责任；⑥社会工作者对社会的伦理责任。

63. ABCD 社会工作者对社会的伦理责任主要包括：①社会福利；②公众参与；③公共紧急事件；④社会行动等方面。

64. CDE 中年阶段面临的问题包括早衰综合征、更年期综合征、婚外恋、家庭暴力等。题中阿美丈夫的行为对家庭产生了不良影响。本题中，并未提到孩子的健康状况，故选项 A 排除。选项 B 不符合常规逻辑，且并非阿美面临的主要问题，故排除。

65. ACE 防止学龄前儿童对电子产品产生依赖可以采取以下措施：一是对孩子看电子产品的时间加以限制，学龄前儿童一般每天使用电子产品时间应控制在 40 分钟以内，家长要选择适合孩子的内容，让孩子定时观看；二是要多带孩子参加户外活动，提高他对其他娱乐活动的兴趣，从而转移孩子对电子产品的注意力；三是创造一个好的家庭环境，父母以身作则，少使用电子产品。

66. CDE 社会工作者在收集资料时，既要关注服务对象的个人情况，又要关注服务对象所处的周围环境，应把服务对象置于一定的社会环境中观察和分析两者之间的互动状况。个人资料包括服务对象生理、心理和社会方面的情况。选项 A、B 一定程度上都属于社会环境的内容。

67. ABCD 社会工作者在明确服务对象时需要坚持以下三个方面：①以服务对象为主，故选项 A 正确。②以服务对象身边的重要他人为参与者。在服务计划中尽可能囊括服务对象身边的重要他人，他们通常是服务对象改变的重要支持者，而且他们的改变也为服务对象的改变提供更多的机会和空间。本题中，小强的问题涉及其父母、同学和学校，他们都可以成为服务对象身边的参与者，故选项 B、C、D 正确。③以其他重要他人为支持者，故选项 E 错误。

68. ABD 预估和分析阶段有三项主要工作，即收集资料、问题预估和问题诊断。

69. ABD 社会工作小组工作的特点包括：①小组组员问题的共同性或相似性；②强调小组组员的民主参与；③运用小组治疗性因素；④注重团体的动力。

70. ABE 影响小组大小的因素有小组目标、小组类型、探讨问题的性质、组员的成熟度、社会工作者的经验、有无协同领导者等。

71. DE　选项 A、B、C 均带有责备性，故排除。

72. AC　在进行社区资源分析时，需要对资源进行分类，通常，可以根据资源的性质将社区资源分为人力资源、物力资源和财力资源三类。其中，物力资源主要是指可用于社区服务的场地和设备。例如，社区内大中小学的教室、运动场、现代化的多媒体教学器材等。选项 B、D 属于人力资源，选项 E 属于财力资源。

73. ACDE　社区工作的对象是整个社区，因此社会工作者进入社区之初的首要任务是让社区中的居民、团体和组织认识自己，了解自己的角色和职责，接受自己对社区的介入，与社区建立良好的专业关系。社会工作者可以通过以下五种方式让社区认识自己：①积极参与社区重要活动；②主办社区活动；③积极介入社区事务；④经常出现在社区居民之中；⑤报道社区活动。

74. AE　方案的评估一般采用两种方法，即过程评估和效果评估。过程评估关注方案进行过程中服务对象和人数变化，服务方案所必须完成的主要工作项目的完成情况、资源使用情况、经费支出情况、是否按照预定的日期进行。效果评估主要测量的是方案实施后所产生的效果，包括目标实现程度和服务对象的改变程度。

75. BCDE　研究表明，企业捐款的动机可以归纳为以下五种：①市场营销；②公共关系；③自我利益；④税法策略；⑤社会联谊（俱乐部）。

76. ABCE　如果机构的大宗款项来自政府购买或基金会资助，一般要写项目申请书，在项目申请书中要说明以下内容：①向政府或基金会申请这笔经费支持的意义，或申请这笔经费（有时是实物）的目的，其用途要符合社会福利或社会公益目标，符合政府或基金会的资助目标；②要说明资助的重要性，即这笔资助对于项目对象的必要性；③说明资助额及申请这一数量资助的原因，需要列出较细致的项目预算；④要说明怎样使用这笔资助，即怎样将这笔资助运用于机构的服务；⑤要说明使用这笔资助可能达到的预期效果；⑥要说明使用这笔资助的社会交代的方法，即如何向资助者报告资助项目的结果。

77. ABD　个案研究旨在全面了解研究对象，研究者可以进行多角度测量，针对多类相关主体，运用多种工作技术（访问法、观察法、文献法、调查法、横剖研究、纵贯研究等），记载多方面资料。访问记录、观察记录、个人文稿、官方文献、新闻报道、他人评论等都是其重要的资料载体。由于个案研究可以使用历史视角把握生活史及有关文献，且在过程中注重对象的主观感受，因此其资料也比较深入。由于个案研究讲究资料收集、整理和分析的尽量同步，并注重在过程中动态完善研究思路，因此需要花费许多时间；由于样本很少和对象缺乏代表性，因此研究发现不能进行推论。个案研究可以在研究分析的过程中建构理论。

78. ADE　封闭式问题中单项选择的答案必须满足穷尽性和互斥性。穷尽性是指答案包含所有可能，互斥性是指不同答案并不交叉。选项 B 与老年人一起生活的还可能有孙子、孙女或其他亲戚，不满足穷尽性，故排除。选项 C 问程度，通常采用"非常满意、比较满意、一般、比较不满意、非常不满意"五级量表，不满足穷尽性，故排除。

79. ABCD　我国劳动争议实行协商、调解、仲裁和诉讼等处理程序。

80. ACDE 《中华人民共和国老年人权益保障法》规定，赡养人应当履行对老年人经济上供养、生活上照料和精神上慰藉的义务，照顾老年人的特殊需要。赡养人不得以放弃继承权或者其他理由，拒绝履行赡养义务。赡养人应当妥善安排老年人的住房，不得强迫老年人居住或者迁居条件低劣的房屋。赡养人应当使患病的老年人及时得到治疗和护理；对经济困难的老年人，应当提供医疗费用。对生活不能自理的老年人，赡养人应当承担照料责任；不能亲自照料的，可以按照老年人的意愿委托他人或者养老机构等照料。老年人养老以居家为基础，家庭成员应当尊重、关心和照料老年人。

考前冲刺试卷（四）参考答案

一、单项选择题（共60题，每题1分。每题的备选项中，只有1个最符合题意）

1. A 社会工作的服务对象不仅包括在生活上陷入困境自己难以解脱的个人、经济困难和成员关系严重失调的家庭，也包括陷入困境的社会群体以及内部关系不佳缺乏发展活力的社区。从发展中国家的实践来看，社会工作的基本对象依然是那些"最需要帮助的人"，如孤儿、孤寡老人、残疾人，以及因自然灾害和社会原因而陷入困难境地的人。

2. B 社会工作者协调医生、护士、营养师、康复治疗师、食堂多方进行合作，体现了多方协同、共同服务于服务对象的特点。

3. D 服务对象层面促进发展的目标是指当一个人或一个群体遇到困难时，社会工作者施以援手，通过增加知识、学习技能、学习建立人际关系等方式使个人或群体得到发展，实现自己的人生目标。

4. C 社会工作维持社会秩序的功能与一般行政管理有所不同：行政管理倾向于运用行政力量，即自上而下的行政系统和权力解决问题，维持社会稳定是其直接目标；社会工作则通过服务化解矛盾、解决问题，从而达到维持社会秩序的效果。在解决问题的方法上，社会工作不但强调社会秩序的重要性，也强调不尽合理的社会结构和制度环境会造成社会问题，因而要通过改变环境、完善制度来解决问题。所以，社会工作可以从更深层次上发挥维持社会秩序的功能。

5. A 社会工作的基本对象包括：①孤儿、无依无靠的老人和残疾人；②精神病患者；③因失业而沦为生存困难者。社会工作的扩大对象包括：从帮助物质生活上最困难的人，逐步扩展到所有基本生活遇到困难且难以自拔而需要帮助的人，从陷入困境的个体和家庭到有问题、欠发展的社区，从困难民众到一般公众。

6. B 社会工作者的间接服务角色包括行政管理者、资源筹措者、政策影响者。其中，行政管理者：在社会工作过程中，社会工作者应该对该过程进行有效控制，同时社会工作者要对与助人相关的诸多资源、信息进行协调、安排和管理，以实现该过程的高效率，特别是不要出现意外。行政管理者的角色不但对福利机构的运行来说十分重要，在个案管理、社区工作中也很重要。

7. D　本题中，服务对象王大爷是住院患者，而医务社会工作是指针对患病的服务对象进行的服务工作。

8. D　社会工作者应当保护服务对象的隐私。未经服务对象同意或允许，社会工作者不得向第三方透露涉及服务对象个人身份资料和其他可能危害服务对象权益的隐私信息。在特别情况下必须透露有关信息时，社会工作者应向机构或有关部门报告，并告知服务对象有限度公开隐私信息的必要性及采取相关保护措施。如果在紧急情形下，必须打破保密原则而来不及提出报告时，社会工作者事后应当提供相关的证据并补办手续，以记录必要的工作程序。选项A、B违背了保密原则。选项C不再过问的做法不利于高龄老人的安全。选项D征得服务对象同意，评估其居家安全风险既遵循了保密原则，又体现了对服务对象安全问题的考虑。

9. A　在社会工作实践中，保护生命原则高于其他所有伦理原则，社会工作者不仅有义务保护受助者的生命，也应保护其他所有人的生命。在社会工作领域，尤其是心理辅导过程中，如服务对象所陈述的个人隐秘资料中涉及第三方利益相关者的生命安全，社会工作者则有义务将相关信息知会第三方利益相关者，以确保其生命财产的安全，并提前做好相应的预防和准备。

10. B　由于社会工作者的职责，在其进行专业实践时始终对社会道德观建设有着不可推卸的责任。社会工作者还必须深入理解当时当地的特殊环境和服务对象的特质、服务对象的需要和问题，对伦理难题的影响和后果作出正确与适当的评判，以保证社会工作实践符合公正、平等和不伤害等基本伦理原则。

11. A　在社会实践中，社会工作者要与服务对象保持良好的沟通。社会工作者有义务向服务对象提供必要的信息。服务对象有权利在充分知情的前提下选择服务的内容和方式，并在事关服务对象利益的决策中起主导作用。

12. C　社会工作专业伦理有评判专业服务是否适当的作用。本题中，通过督导对社会工作者提供服务的规范和指导，促进社会工作者提供更加适当的服务，确保服务的专业性。

13. B　本题的关键语句"为了更好地融入这个群体"，体现了小丽追求的是马斯洛需要层次论中"归属与爱"的需要。

14. D　同辈群体的形成大部分是偶然的，但随着年龄的增长，促使同辈群体形成的主动性因素越来越多，故选项A错误。同辈群体是由年龄、性别、志趣、职业、社会地位及行为方式大体相近的人所组成的一种非正式的群体，故选项C错误。同辈群体对个体行为的发展具有重要作用，在不同的社会系统中扮演着不同的角色，这种角色的多样化对群体成员来说具有多种意义，故选项B错误。

15. C　题中的关键信息为"从社会环境对人类行为影响的角度"。选项D表述的是人类行为对环境的影响，故排除。题中主要信息与部队无关，故选项A、B排除。

16. B　家长过分溺爱与严加管束相结合，构成支配型家庭教养模式。在这种家庭中，家长在生活方面对子女无微不至，在学习上严加管束。一方面是过度保护，包揽生活中的一切；另一方面又期望过高。这种方式容易使孩子形成怯懦胆小、意志薄弱、既娇且骄、清高孤傲等个性心理特征。

17. D 选项A、C是针对个人进行的干预措施；选项B是针对家长进行的干预措施。

18. A 心理社会治疗模式将个人与环境之间的关系概括为"人在情境中"，要求社会工作者既要深入个人的内心，了解他（她）的感受、想法和需求，又要仔细观察周围环境对他（她）施加的影响，分析个人适应环境的具体过程。

19. B 心理社会治疗模式的诊断包括心理动态诊断、缘由诊断和分类诊断。心理动态诊断是对服务对象的人格的各部分之间的互动关系进行评估。

20. C 在解组阶段，服务对象处于极度的情绪困扰中，认知和问题解决的能力下降，平衡生活被扰乱；如果危机事件影响的是家庭，它还可能导致家庭关系的紧张甚至破裂。

21. A 在服务计划制订过程中，社会工作者需要创造条件鼓励服务对象参与。服务对象的参与不仅能够激发服务对象改变动机，更为重要的是，这样的服务计划制订方式为社会工作者与服务对象之间的平等交流提供了机会，让服务计划更能够反映服务对象的发展需求。

22. D 在与服务对象初次接触时，社会工作者有一项重要的工作，即对那些立即需要帮助而本机构或者社会工作者无法给予及时必要帮助的服务对象提供转介服务，可以通过一些必要的手续把服务对象介绍给其他能够给予及时必要帮助的服务机构或者其他社会工作者。

23. C 同理心是社会工作者设身处地体会服务对象的内心感受，理解服务对象的想法和要求。本题中，社会工作者理解了服务对象的感受，故选项C正确。

24. C 个案会谈的安排包括以下三个方面的内容：①个案会谈的准备；②个案会谈的内容安排；③会谈内与会谈外的衔接。因此，个案会谈是提前预设了目标的，有一定内容安排限制和空间环境布置的活动。

25. C 对质技巧是指社会工作者通过直接提问等方式让服务对象面对自己在行为、情感和认识等方面不一致的地方。当服务对象发现自己的行为、情感和认识不一致时，通常会有一些不愉快的感受，社会工作者需要通过对质把服务对象的注意力集中在未来可改变的方面，而不是仅仅关注谁的责任。

26. A 教育小组的宗旨在于，通过帮助小组组员学习新知识、新方法，或补充相关知识的不足，促使成员改变其原来对于自己问题的不正确看法及解决方式，从而实现小组组员的发展目标。

27. D 互动模式下小组的目标焦点既在个人，也在环境，更在个人、小组、环境之间的开放和互动。社会工作者通过组织小组活动及组员之间的互动，可以发掘组员的自身潜能，增强他们社会交往与社会生活的信心、知识和能力。

28. C 根据小组的特点，社会工作者在各阶段的任务为：①开始阶段主要帮助小组组员之间建立信任关系；②转折阶段主要处理小组冲突；③成熟阶段重点在于协助组员解决问题；④结束阶段主要处理好组员的离别情绪，帮助组员保持他们获得的小组经验。

29. B 社会工作者通过个别会见或资料考察的形式，对可能的小组组员进行必要的遴选和评估。遴选和评估的要件主要有：①共同或相似的问题，或者有共同的兴趣和愿望；②年龄和性别（如果有此要求的话）；③文化水平及对某些问题的认识；④家庭状况；⑤职业状况；⑥对参加小组的要求。

30. C　发展模式下的小组工作，特点是鼓励组员积极参与小组活动，积极表达自己并找出小组共同的兴趣和目标，形成积极的小组互助关系，促进组员和小组的共同成长。为此，社会工作者在运用发展模式时，应坚持贯彻积极参与原则和"使能者"原则。积极参与原则，即要协调和鼓励组员在小组活动中，主动表达自己的困惑或者对发展的建议，积极分享和学习自我发展的经验；"使能者"原则，即既要支持、帮助小组组员通过各种活动相互关心、相互帮助和分享，更要发展认知、激发潜能，提升组员解决问题、整合社会资源及自我发展的能力。

31. A　在小组讨论中，对某些比较内向或者容易害羞的成员要给予支持，不要逼该成员发言，而是要时刻关注，投以鼓励的眼光，等他们获得了勇气再发言。对他们的发言，社会工作者可以重复他们的意见，对正确的方面给予积极的鼓励，树立起他们的信心和安全感。本题中，小张使用的是鼓励的技巧。

32. A　在小组工作的转折阶段，社会工作者在小组的权力与地位逐渐由中心位置向边缘位置转移，即不再担任小组的领导者和决策者，而只是小组的协助者和引导者。在处理冲突过程中，社会工作者的角色不仅是充当工作者、辅导者，而且是调解人、支持者。

33. C　社会工作者在转折阶段的工作重点在于处理小组冲突。具体包括处理抗拒行为、协调和处理冲突、保持组员对整体目标的意识、协助组员重新建构小组、适当控制小组进程。其中，在协调和处理小组冲突时，可以运用这样一些具体措施：①帮助组员澄清冲突的本质，特别是澄清冲突背后的价值观差异；②增进小组组员对自我的理解；③重新调整小组规范和契约；④协助组员面对和解决由冲突带来的紧张情绪和人际关系紧张；⑤运用焦点回归法。

34. C　社区工作的一个主要目标是使社区资源能有效地回应社区需求，即善用社区资源、满足社区需求、培养相互关怀和社区照顾的美德。

35. C　"使能者"是指在服务过程中，社会工作者鼓励和协助居民组织起来，帮助他们建立良好的沟通渠道及人际关系，促进共同目标的产生与实现。

36. B　社区策划模式的特点有：①注重任务目标的实现；②强调运用理性原则处理问题；③体现的是一种由上而下的改变；④控制和指导着社区未来。

37. A　当个人被问及是否需要某一特定服务并作出回应时，其反应就是感觉型需要。在该社区中，当大部分居民感觉到某些需要和期望不能被满足，并把它们说出来时，那便是居民的感觉型需要。

38. A　正式照顾的提供方包括政府部门、非营利的社会组织和市场上的营利性机构，正式照顾的对象包括服务对象及其照顾者。对照顾者提供的正式照顾主要包括一些支援性服务，以帮助照顾者获得暂时休息并缓解长期带来的焦虑和紧张感。

39. C　对社区文化特色的了解主要包括：①哪些文化价值、传统或信念是社区重视的，其对社区不同群体的影响如何；②哪些习俗或者活动是社区居民普遍重视的。

40. D　在分析环境和形势步骤中，社会工作者要收集环境发展趋势方面的资料，了解对新计划有影响力的人士和团体，分析他们的利益和需要。此外，还要考虑如何获得财政支持和人力支持，并预测整体环境的改变和发展趋势，了解新计划可能面对的机会、竞争和障碍。

41. C 居民骨干中相当部分的人缺乏管理知识，依靠热情工作，不懂得权责分工，将许多工作集中在自己身上，这会造成分工不明、权责不清，导致居民骨干之间出现摩擦和工作效率低下等情况。社会工作者应加强居民骨干的权责分工意识，提高行政管理能力，让他们认识到只有分工合作，才能做好社区工作。

42. B 问题解决策划的主要过程是：认识现有的问题→界定问题→探索可行的解决方法→认识各种可能的限制→选取解决办法→设计完整的计划→发展评估计划。

43. A 问题的认识方法有两种。一是用"问题认识工作表"，即人们所关注的问题、问题在哪里发生、谁受这个问题影响、问题何时发生、人们对这个问题的感受程度。二是用"分支法"：①确定要解决的全面性问题；②列明形成这个问题的"明确问题"；③逐一列明造成这些问题的具体原因。方案策划者可根据机构所拥有的资源情况，建议机构集中处理那些"明确的问题"。

44. B 根据团队在社会服务机构中的不同作用，最常采用的团队结构包括：①问题解决型团队；②跨专业团队。跨专业团队是由来自不同部门、不同领域的专业人员组成的一个群体，他们组成团队的目的是完成一项共同任务，或是通过建立跨专业团队来为服务对象提供综合性服务。

45. B 志愿者管理工作中发展与设计的重要任务是撰写"志愿服务工作说明书"，帮助志愿者了解工作任务、工作需要的技能、需要完成的工作成果等。

46. C 由于社会工作的服务性质，被督导者容易承受过重的压力，并产生危机，督导者通过给予关怀与支持，让被督导者在工作过程中有安全感，并愿意尝试新工作。督导者协助被督导者适应和处理服务过程中感到的挫折、不满、失望、焦虑等各种情绪，增强被督导者的自我功能。

47. D 社会服务机构的运作主要是指机构内部的动态机制，即通过授权、协调、沟通、控制等过程，推动机构内各部门、各岗位的运作。其中，协调是将社会服务机构中各部门的活动化为一致性行动的过程，通过发挥团队精神，顺利执行各部门的活动，达到共同目标。

48. B 问卷首先需要考虑代表性，并非问题数量越多质量越好，故选项A错误。选项C属于卡片法，选项D表明信度不高。

49. C 选项A、B、D均为定量研究的内容。

50. D 封面信是研究者致被调查者的信息，旨在说明研究者身份、研究目的和内容、对象选择方法、保密原则，并注明研究机构。

51. B 问题和答案是问卷设计的核心，其设计应该注意技术要领。选项A的问题有双重含义，选项C有倾向性引导，选项D的备选答案没有穷尽。

52. A 个案研究是指对单个对象（如家庭、团体、机构、组织、社区、学校等）的某项特定行为或问题进行探索研究，它凸显研究的"对象"维度，手段和资料多元化，研究步骤不甚严格，资料详尽深入。

53. D 《职工带薪年休假条例》规定，对职工应休未休的年休假天数，用人单位应当按照该职工日工资收入的300%支付年休假工资报酬。

54. D 《中华人民共和国老年人权益保障法》规定，赡养人有义务耕种或者委托他人耕种老年人承包的田地，照管或者委托他人照管老年人的林木和牲畜等，收益归老年人所有。本题中，该地的收益应归老秦所有。

55. B 《关于进一步完善城乡医疗救助制度的意见》针对城乡医疗救助形式，提出要实行多种方式救助。对城乡低保家庭成员、五保户和其他经济困难家庭人员，要按照规定，资助其参加城乡居民基本医疗保险，并对其难以负担的基本医疗自付费用给予补助。

56. C 《残疾人就业条例》规定，集中使用残疾人的用人单位中从事全日制工作的残疾人职工，应当占本单位在职职工总数的25%以上。即单位现有在职职工100人的25%以上，最少为25人。

57. C 国家保障妇女享有与男子平等的婚姻家庭权利。其中，子女监护权指父母双方对未成年子女享有平等的监护权。父亲死亡、无监护能力或者有其他情形不能担任未成年子女的监护人的，母亲的监护权任何人不得干涉。因此，任某对小君的监护权不因其再婚而改变。

58. B 《民政部关于大力培育发展社区社会组织的意见》提出，加快发展生活服务类、公益慈善类和居民互助类社区社会组织。重点培育为老年人、妇女、儿童、残疾人、失业人员、农民工、服刑人员或强制戒毒等限制自由人员的未成年子女、困难家庭、严重精神障碍患者、有不良行为青少年、社区矫正人员等特定群体服务的社区社会组织。

59. A 《中华人民共和国劳动争议调解仲裁法》规定，发生劳动争议，劳动者可以与用人单位协商，也可以请工会或者第三方共同与用人单位协商，达成和解协议。发生劳动争议，当事人不愿协商、协商不成或者达成和解协议后不履行的，可以向调解组织申请调解；不愿调解、调解不成或者达成调解协议后不履行的，可以向劳动人事争议仲裁委员会申请仲裁；对仲裁裁决不服的，除该法另有规定的外，可以向人民法院提起诉讼。

60. D 《失业保险条例》规定，具备下列条件的失业人员，可以领取失业保险金：①按照规定参与失业保险，所在单位和本人已按照规定履行缴费义务满1年的；②非因本人意愿中断就业的；③已办理失业登记，并有求职要求的。小宇所在单位和本人虽然按照规定参加了失业保险，但履行缴费义务未满1年，因此不能领取失业保险金。

二、多项选择题（共20题，每题2分。每题的备选项中，有2个或2个以上符合题意，至少有1个错项。错选，本题不得分；少选，所选的每个选项得0.5分）

61. CE 社会工作者在社区照顾模式中的角色有：①治疗者，为个别服务对象提供行为治疗或其他心理治疗，也开展家庭治疗和小组治疗。②辅导者和教育者，为照顾者提供辅导服务，为照顾小组提供训练课程，教授有关的照顾技巧。③经纪人，为服务对象寻找有关的服务，为照顾小组的活动寻找社区资源，推动照顾者协助服务机构推行服务，向照顾者提供财政或社区资源的资料和申请渠道等。④倡议者，为较为特殊的服务对象倡议和争取合适的服务；替照顾者向有关方面提出建议和争取改善措施，通过教育和培训，鼓励照顾者自主争取权益。⑤顾问，就服务对象的情况向有关服务机构提供意见，为照顾者小组提供支援、提供活动及发展方向上的意见。本题中，社会工作者主动探访并鼓励其参加社区活动，体现倡议者角色；邀请小李加入手工编织小组，体现经纪人角色。

62. ABCE 由于社会工作实践提供的是与人有关的专业服务活动，社会工作者应充分尊重每个服务对象的个性与人格，充分理解服务对象之间存在的差异。对社会工作者来说，即使是提供同一类的专业服务，也要注意将服务对象看作不同的个体，要充分考虑个人特质（如年龄、性别、种族、生理和心理状况、文化背景、职业、社会地位、宗教信仰、政治倾向性等）对服务需求和服务模式的潜在影响。

63. CDE 面对社会工作服务对象的生命安全可能受到威胁时，要优先保证社会工作服务对象的生命安全，围绕生命安全开展工作。

64. BCDE 家庭气氛对子女的行为有重要的影响。在一个温馨和民主的家庭气氛中长大的孩子会形成独立、人际关系良好、有创造力、有责任感、适度从众、不紧张等行为特征。

65. ABD 中年人早衰的原因主要有：①工作压力大；②家庭负担重；③不良的生活习惯。

66. ACE 心理社会治疗模式可运用的技巧包括直接治疗技巧和间接治疗技巧两大类。直接治疗技巧是指对服务对象进行辅导、治疗的具体方法。间接治疗技巧是指通过辅导第三者或者改善环境间接影响服务对象的具体方法。

67. BDE 个案工作的具体介入过程可以分为不同的阶段，每一阶段都有自己的工作重点。其中，申请与接案阶段的工作重点包括求助者的服务申请、接案以及专业关系的建立。

68. ABD 为小安的亲戚讲解照顾注意事项，发放儿童糖尿病的知识手册，扮演的是教育者的角色。联系社区医生，提供疾病管理指导，扮演的是联系人的角色。安排小安参加有针对性的游戏活动，缓解其因以往经历引发的问题，扮演的是治疗者的角色。

69. ABE 小组工作准备阶段前期性的物质准备包括：①小组活动场地的选择；②活动所需的座位安排；③准备活动所需的其他设施和辅助材料。

70. BCE 社会工作者协助组员保持小组经验的主要方法有：①模拟训练；②树立信心；③寻求支持；④鼓励独立；⑤跟进服务。本题中，社会工作者对组员的积极变化予以肯定和鼓励，意在使组员树立信心；与组员家长沟通，指导家长协助保持组员的积极变化，意在寻求支持；计划在未来6个月到组员家中进行家访，意在跟进服务。

71. BCD 李女士不再积极与其他组员一起做活动，肯定是不妥的，要通过小组的设计来重新建立起小组组员之间的联系。

72. ABD 社会工作者进入社区的方式包括积极参与社区重要活动，主办社区活动，积极介入社区事务，经常出现在社区居民之中和报道社区活动等。

73. DE 选项B仅属于社区照顾模式的特点，选项A、C仅属于地区发展模式的特点。

74. ABCD 社会工作者通常以居民的需要和问题为介入点，运用探索感受、反映感受、重述、鼓动等沟通技巧了解居民的态度和立场，鼓励居民参与。在与社区居民进行以招募为目的的接触时，社会工作者应该以自然合理的方式使招募对象了解以下基本信息：一是谁在和他谈话？二是谈话的目的是什么？三是主要的话题是什么？四是进行招募的是怎样的活动或团体？五是以后如何接触社会工作者或者参加活动？谈话结束后，社会工作者应该对社区居民在谈话过程中所作出的承诺及时跟进。

75. BD 在项目工作的结束阶段，要对工作的过程和结果做详细的记录，建立工作档案，进行经费结算，并及时撰写工作总结，反思工作中的得失，为以后的工作提供借鉴。

76. ABCE 社会服务机构可以运用的筹资方法很多，主要包括：①项目申请；②私人恳请与电话劝募；③特别事件筹资活动。

77. BCD 社会工作研究属于社会工作和社会研究的交叉领域，在要素方面体现出与其他研究不同的社会工作特性。一是主要探究困难群体及其议题，二是采用整合审视的研究视角，三是坚守社会工作伦理和社会研究伦理，四是旨在推进福利、促进实务和提升理论，五是体现研究者的多元角色。选项A、E的表述不全面。

78. BD 定量研究注重研究结论的一般性和可推论性，故选项A错误。定性研究其理论假设可以在研究过程中逐步形成和完善，故选项B正确。定性研究的研究问题、研究计划和内容可以根据当时当地的情况适当修订，并在资料收集过程中同步分析资料，故选项C错误。定量研究很大程度上扣除了研究者对研究对象的影响，研究者往往被研究对象视为外人，故选项D正确。多角度测量法可以整合定量研究和定性研究的不同技术，选项E本身表述正确，但不是定量研究、定性研究的特点，故排除。

79. ADE 题中的关键词是"情节严重"，选项B的方式已经失效，故排除。选项C的方式过于激进，应当先报告相关部门处理后，再决定是否将其转至特殊教育学校。

80. ACDE 城镇职工基本医疗保险费由用人单位和职工双方共同承担，故选项B错误。

考前冲刺试卷（五）参考答案

一、单项选择题（共60题，每题1分。每题的备选项中，只有1个最符合题意）

1. C 社会工作是以利他主义价值观为指导，以科学知识为基础，运用科学方法助人的服务活动。这一定义指出了以下四点。①社会工作是以帮助他人（服务对象）为目的的活动。社会工作是以帮助有困难、有需要的人为出发点的，是利他的而非出于利己动机的。②社会工作是以科学知识为基础的活动。社会工作所要解决的问题十分复杂，需要以多种科学知识为基础。③社会工作要运用科学的助人方法。面对复杂的、需要解决的问题，要有科学的方法，它们是人们在助人实践中积累起来并得到实践检验的。④社会工作是职业化的助人服务活动。社会工作的基本特征是助人自助；社会层面的目标是解决社会问题，促进社会公正。弱势群体是专业社会工作的基本对象。

2. B　社会工作是帮助有困难的人及群体的复杂的活动，与一般助人活动相比，它有许多特点，主要表现在专业助人活动、注重专业价值、强调专业方法、注重实践、互动合作和多方协同等方面。本题中，小张面对服务对象，心里很害怕、很抗拒，但还是继续提供服务，体现了社会工作注重专业价值的特点。

3. A　社会工作是现代社会应对纷繁复杂的社会问题而形成的职业活动，其在服务对象层面的目标主要有解救危难、缓解困难、激发潜能和促进发展。本题中，小芳失恋后情绪沮丧，几度寻死以求解脱，说明小芳处于危难之中，大智的做法有助于实现解救危难的目标。

4. D　良好的社会秩序是社会各部分关系协调、稳定的状态，这是人们极力追求的。良好的社会秩序来自国泰民安，而社会不稳定甚至动乱则源于社会矛盾，特别是因经济困难、失业而形成的社会问题的积累。为某地社区失业青年提供适合的职业培训，是为了协调社会各部分关系，从而维护社会秩序的稳定状态。

5. B　社会工作是在一定的组织体系中进行的，这个组织体系既包括某一具体的社会服务机构，也包括社会服务机构与其他组织形成的关系系统。社会工作者是依靠这种组织化的运作来实现助人目标的。社会工作者要具有能合理配置组织资源，有效地输送社会福利资源，监督这一过程的合理性与有效性，有效地促进服务任务的完成等能力。

6. C　社会工作通过为服务对象提供帮助可以促进其正常生活、促进人与社会环境的相互适应等。由于社会变迁、家庭或个人原因，有些人可能会一时或较长时间陷入困境，从而难以正常地生活。对生活上有困难的人给予必要的生活照顾是社会工作的重要任务之一。

7. D　社会救助社会工作是针对社会救助对象开展的社会服务。社会救助是政府或社会服务机构对物质生活面临危机的社会成员提供的物质及社会关系方面的支持和帮助。在现代社会，社会救助主要由政府承担责任，所以也称公共救助。社会救助是对因自然、个人及社会等各种原因而导致基本生活陷入困境者的救助，其目的是保障当事人的生命安全和基本权利。

8. D　总体而言，目前国际社会工作界把社会工作价值观归纳为以下六个方面：①服务大众；②践行社会公正；③强调服务对象个人的尊严和价值；④注重服务中人与人之间关系的重要性；⑤待人真诚和守信；⑥注重能力培养和再学习。其中，待人真诚和守信是指社会工作者应坦诚地对待服务对象，并敢于认识到自身的不足，能真诚地分析自我的问题和需要，坚持专业的使命、价值观、伦理原则与标准，并有效地运用它们开展社会服务。

9. D　社会工作内容涉及人与人的沟通和互动行为。因此，社会工作者应充分认识到人与人之间关系的重要性，包括设身处地地为他人着想（换位思考），建立积极和良性的沟通交流关系，帮助服务对象建立积极的人生观，彼此分享和相互帮助。

10. A　为服务对象保密是社会工作价值观的操作原则之一。社会工作者应当保护服务对象的隐私。未经服务对象同意或允许，社会工作者不得向第三方透露涉及服务对象个人身份资料和其他可能危害服务对象权益的隐私信息。督导是服务主体的一部分，为直接服务的社会工作者提供支持和指导。

11. D　针对题目描述的伦理困境，最合适的做法是选项D。选项A：损害了服务对象的权益，违背了社会工作的伦理守则。选项B：在以后的服务中对冯奶奶更加照顾，违背了公平、平等待人的原则。选项C：直接拒绝，不利于双方关系的建立和后续服务的开展。

12. B　面对情、理、法的冲突，要在遵守法律的前提下，尽最大努力维护案主的权益。

13. B　阿尔德弗尔把人的需要分为三类，即生存的需要、关系的需要和成长的需要。ERG理论并不强调需要层次的顺序，认为某种需要在一定时间内对行为起作用，而当这种需要得到满足后，可能去追求更高层次的需要，也可能没有这种上升趋势。当较高级需要受到挫折时，可能会退而求其次。另外，该理论还认为，某种需要在得到基本满足后，其强烈程度不仅不会减弱，还可能会增强。

14. C　归属与爱的需要层次包括两方面的内容：一是归属的需要，即人都有一种归属于一个群体的感情，希望成为群体中的一员，并相互关心和照顾；二是友爱的需要，即人人都需要伙伴之间、同事之间的关系融洽或保持友谊和忠诚，人人都希望得到爱情，希望爱别人，也渴望得到别人的爱。本题中，"自发组建了家长互助群，分享照顾经验，相互支持"体现归属与爱的需要。

15. B　家长过分溺爱与严加管束相结合，构成支配型家庭教养模式。在这种家庭中，家长在生活方面对子女无微不至，在学习上严加管束。一方面是过度保护，包揽生活中的一切；另一方面是期望过高。这种方式容易使孩子形成怯懦胆小、意志薄弱、既娇且骄、清高孤傲等个性心理特征。

16. C　社区是指以一定地域为基础的社会生活共同体。社区生活强化了人类的群体意识和共同体意识，并拥有社区成员共同遵守的社会规范。社区对人类行为的影响主要有以下四个方面：①社区成员具有某些共同特征，如相似的社会经济地位、生活方式、文化和风俗习惯等；②社区成员之间存在着复杂的社会交往关系，在交往中彼此产生影响；③社区本身是一种社会组织，具有本身的社会规范，对社区成员的行为具有约束作用；④社区成员对社区具有强烈的认同感和归属感，这也影响着社区成员的行为。

17. A　抓住题中关键词"个体层面"，排除家校联络、校园监控、亲子关系。从小宁个体出发，应纠正其攻击行为，帮助其培养社交技能。

18. B　间接治疗技巧是指通过辅导第三者或者改善环境间接影响服务对象的具体方法。间接治疗技巧的运用对象很广，包括服务对象的父母、朋友、同事、亲属、邻里和社区管理人员等。

19. C　心理社会治疗模式中的心理动态诊断方法注重在收集服务对象资料的过程中，只有把服务对象放回到具体的人际交往的情境中，并把服务对象目前的内心冲突与以往的经历联系起来，才能准确揭示服务对象困扰产生的真实原因。

20. B　危机的发展一般可以分为四个阶段，即危机、解组、恢复和重组。如果服对象遭遇了失败，而他（她）又无法找到回避的方法，危机事件就进入了解组阶段。在解组阶段，服务对象处于极度的情绪困扰中，认知和问题解决的能力下降，平衡生活被打乱；如果危机事件影响的是家庭，还可能导致家庭关系紧张甚至破裂。

21. C 个案工作的介入过程可以分为申请与接案、预估与问题分析、制订计划、开展服务、评估与结案等不同的阶段。根据题干表述，接下来小李应该做的是预估与问题分析，故选项C正确。

22. B 求助者寻求帮助时通常内心充满矛盾，社会工作者积极主动的态度和友善的行为可以减轻求助者的紧张和不安，增强求助者的信心，促使求助者成为服务对象。

23. C 同理心即社会工作者设身处地体会服务对象的内心感受，理解服务对象的想法和要求。选项C"确实有点让人无奈"体现了社会工作者设身处地理解服务对象的情绪和心理。

24. D 对质是社会工作者通过直接提问等方式让服务对象面对自己在行为、情感和认识等方面不一致的地方。本题中，社会工作者通过提问，让服务对象反思自己是否真的在生活中完全没有指望了。

25. D 影响性技巧是社会工作者为服务对象提供必要的信息或者建议，让服务对象采取不同的理解和解决方法的一系列技巧。

26. C 支持小组一般是由具有某一共同性问题的小组组员组成的。通过小组组员彼此之间提供的信息、建议、鼓励和情感支持，达到解决某一问题和组员改变的效果。在支持小组中，最重要的是小组组员的关系建构、相互交流和相互支持。

27. C 互动模式亦称交互模式或互惠模式，是基于人与环境和人与人之间的关系而建立的一种小组模式，旨在通过组员之间、组员与小组及社会环境之间、小组与社会环境的互动关系，促使组员在小组这个共同体的相互依存中得到成长，增强组员的社会功能，提升其发展能力。互动模式下的小组工作，焦点在于互动关系及其效果。

28. B 订立小组规则是在小组工作的开始阶段。

29. D 在小组的成熟阶段，小组的关系结构稳定，小组活动运作状态良好，组员之间更愿意了解和被了解，更愿意接纳他人，更愿意相互合作、相互支持、相互肯定，提出的建议或计划更加现实。根据题干表述，"组员们畅所欲言，积极主动，讨论和总结了压力管理方法"，体现了小组成熟阶段的特点。

30. B 当小组讨论进行到最后阶段，社会工作者需要对组员所提出的不同问题进行归纳，对组员所提出的各种意见和建议加以整理，形成结论。对小组讨论所作的结论必须详细、全面，并且对组员提出的主要意见要加以阐述、分析、评价和研究，并指出将要应用的方法。

31. D 在小组讨论中，可能因为某一个问题的观点不一致而发生争论，而争论的双方都希望社会工作者能支持自己的观点。此时，社会工作者的中立态度很重要，应避免与组员争论，不偏袒任何一方，不判断他人意见，仅提出问题，不给予答案，可以提供资料信息，但不予决断，仅作利弊分析或事实论述，随时保持中立的态度。

32. A 小组活动在小组工作中具有特别重要的意义。为了实现小组工作的阶段性目标和最终目标，小组活动实际上发挥着穿针引线或架桥铺路的作用。在这一减压小组活动中，通过"五子棋"游戏有助于组员获得新的认知。

33. A　不同规模的小组具有不同的功能，5人的小组比较适合讨论，8人的小组最容易完成任务。治疗小组一般在5~7人，故选项C错误。服务对象是高龄老人，运用线上平台不合适，故选项D错误。90分钟时间过长，不符合儿童的特点，故选项B错误。

34. A　社区工作有其独特性，富有批判和反思精神，善于从社会结构、社会政策、制度和资源分配角度分析和处理个人问题，并且试图从根本上找出问题的症结，由此引发对现存社会结构和政策的反思和批判，而不是一味顺从。

35. B　地区发展模式的主要特点包括：①较多关注社区共同性问题；②注意通过建立社区自主能力来实现社区的重新整合；③在地区发展模式中，过程目标的地位和重要性超过任务目标；④地区发展模式特别重视居民的参与。

36. B　社区照顾是社会工作者动员社区资源，运用非正规支援网络，联合正规服务机构提供支援服务与设施，让需要照顾的人士在家里或社区中得到照顾，过正常生活的活动。社区照顾模式的特点包括：①协助服务对象融入社区；②强调社区责任；③非正规照顾是重要因素；④提倡建立相互关怀的社区。本题中，居民不让机构进驻该社区，在这种情况下，社会工作者需要对居民进行倡导，呼吁居民正确认识孤独症患者，勇于承担社区责任，接纳机构进驻。

37. A　社会工作者在社区照顾模式中有以下五种角色：①治疗者，为个别服务对象提供行为治疗或其他心理治疗，也开展家庭治疗和小组治疗。②辅导者和教育者，为照顾者提供辅导服务，为照顾者小组提供训练课程，教授有关的照顾技巧。③经纪人，为服务对象寻找有关的服务，如为智障儿童寻找特殊学校，协助其接受文化教育；为照顾者小组的活动寻找社区资源，如寻找活动场地；推动照顾者协助服务机构推行服务；向照顾者小组提供财政或社区资源的资料和申请渠道等。④倡议者，为较为特殊的服务对象倡议和争取合适的服务；替照顾者向有关方面提出意见和争取改善措施；通过教育和培训，鼓励照顾者自主争取权益。⑤顾问，就服务对象的情况向有关服务机构提供意见，如向特殊教育学校介绍智障儿童的情况和提出服务建议；为照顾者小组提供支援、提供活动及发展方向上的意见。本题中，小王扮演的角色是倡议者。

38. A　社会工作者在帮助居民界定团体和组织的目标时，应采用非主导的工作手法：一方面要尽量提供居民自决的机会；另一方面要为参与的居民提供发展的机会，努力做到较平均地参与、个人才能的发挥以及尊重等。本题中，社会工作者小王在帮助老年人界定小组目标时，应该带领老年人讨论，澄清小组目标。

39. B　访问社区居民、拜访社区居委会主任、参与社区内的重要会议和活动都是了解社区内权力结构的渠道。社会工作者通过了解不难发现，经常参与或热心社区事务的居民和活跃分子，这些人可能是社区居委会成员，或是在社区内有重要影响力的人大代表、政协委员、社会名人，或者仅是积极关心社区的居民。

40. B　同理心是指社会工作者能够跨越年龄、性别、信仰、种族乃至家庭背景差异，去理解居民的内心世界，体会居民的感受。

41. C 会议进行中，需要按照会议议程逐项讨论，适当分配发言和讨论时间。

42. B 私人恳请是指机构领导者、员工和志愿者与他们的潜在捐款人面对面地会谈，表达需求、寻求帮助、请求捐款的筹款方式，属于私人性、注重人际关系的筹款方式。

43. B 社会服务机构的多数团队是问题解决团队，这些团队的成员每周用几个小时来碰头开会，讨论如何提高服务效率、提升服务质量和改善工作环境等问题，成员也会就如何改进服务流程和服务技术相互交换看法或提供建议。

44. B 分支法首先确定要解决的全面性问题，其次是列明形成这个问题的具体问题，最后逐一列明造成这些具体问题的原因是什么。

45. B 有效的志愿者管理包括需求评估与方案规划、工作发展与工作设计、招募、面谈与契约、迎新说明与训练、督导与激励、奖励表扬、评估。提供志愿者督导工作的机构应适时为志愿者提供帮助和反馈，协助志愿者克服困难和解决问题。

46. C 教育性督导要求督导者不仅要提供被督导者完成工作所需的知识，并要协助社会工作者由"知"转为"做"。督导者通过个别督导或团体会谈，发挥知识、能力、学习与自我觉醒反馈的效能。

47. A 治疗性服务通常需要在专业的机构中进行。

48. B 定性研究不一定事先设定研究假设，其假设可以在研究过程中逐步形成和完善，故选项A错误。定性研究的研究设计灵活变化，主要采用实地研究策略，通过参与观察、深度访谈等方法收集资料，并根据当时当地情况和研究者的过程感悟，修改、完善和深化研究细节，获取文字资料，以深入理解所研究的具体现象，故选项C错误。定量研究注重研究问题的普遍性、代表性及普遍指导意义；定性研究则注重研究对象，有助于发现研究问题的个别性和特殊性，以此发现问题或提出发现问题的新视角，故选项D错误。

49. A 定量研究适用于研究问题已有大量资料，资料收集相对容易，需要探讨变量关系，宏观层面的大规模的调查与预测等场合。例如，社会工作者可以根据最低生活保障对象的资料，剖析贫穷形成的原因，从而为政府完善政策提供依据；也可以了解居民对社区问题的关切程度，确定社区工作项目的切入点。

50. B 定性研究把自然情境作为资料源泉，花费相当多时间深入具体情境中，研究者对自己的行为及与研究对象之间的关系进行动态反思和调适，尽量设法把研究对象视为自己人。

51. B 封闭式问题应关注答案的穷尽性和互斥性，穷尽性指答案包含所有可能性，互斥性指不同答案并不交叉。该问题答案中没有包含所有可能性，如不包括整1年。

52. C 个案研究具有以下特点：①非正式，可以不拘时间、地点，并用多种方法进行研究。②手段和资料多元，研究者可以运用各种手段，采用不同角度，进行访问、观察、记录等，详细记载研究对象的各方面资料。访问记录、观察记录、个人文稿、官方文献、新闻报道、他人评论等都是其重要资料载体。③详尽深入，即对个人生活史及有关文献都加以考虑，常从历史视角把握资料，并在此过程中注重调查对象的主观感受。④强调应用性研究，注重改变服务对象的行为模式。

53. D 《中华人民共和国劳动合同法》规定，劳动者不能胜任工作，经过培训或者调整工作岗位,仍不能胜任工作的,用人单位提前30日以书面形式通知劳动者本人或者额外支付劳动者1个月工资后,可以解除劳动合同。

54. A 《中华人民共和国民法典》规定,结婚应当男女双方完全自愿,禁止任何一方对另一方加以强迫,禁止任何组织或者个人加以干涉。

55. D 残疾人合法权益包括康复服务权、受教育权、劳动就业权、文化生活权、社会保障权、环境友好权。《中华人民共和国残疾人保障法》针对环境友好权作出相关规定,国家和社会应当采取措施,逐步完善无障碍设施,推进信息交流无障碍,为残疾人平等参与社会生活创造无障碍环境。具体包括以下四层含义:①设施无障碍;②信息交流无障碍;③公共服务无障碍;④政治参与无障碍。提供盲文试卷属于信息交流无障碍的保障措施。

56. D 救助对象申请教育救助,应当按照国家有关规定向就读学校提出,按规定程序审核、确认后,由学校按照国家有关规定实施。

57. D 《中华人民共和国老年人权益保障法》规定,赡养人的赡养义务是一项法定责任,赡养人不得以放弃继承权或者其他理由拒绝履行赡养义务。具体的赡养内容包括以下六个方面:①赡养人应当使患病的老年人及时得到治疗和护理;②对生活不能自理的老年人,赡养人应当承担照料责任;③赡养人应当妥善安排老年人的住房;④赡养人有义务耕种或者委托他人耕种老年人承包的田地,照管或者委托他人照管老年人的林木和牲畜等,收益归老年人所有;⑤家庭成员应当关心老年人的精神需求;⑥经老年人同意,赡养人之间可以就履行赡养义务签订协议。

58. C 《城市生活无着的流浪乞讨人员救助管理办法》规定,救助站主要提供以下救助服务:①提供符合食品卫生要求的食物;②提供符合基本条件的住处;③对在站内突发急病的,及时送医院救治;④帮助与其亲属或者所在单位联系;⑤对没有交通费返回其住所地或者所在单位的,提供乘车凭证。

59. B 盲人持有效证件可免费乘坐市内公共汽车、电车、地铁、渡船等公共交通工具。

60. D 《工伤保险条例》规定,职工有下列情形之一的,应当认定为工伤:①在工作时间和工作场所内,因工作原因受到事故伤害的;②工作时间前后在工作场所内,从事与工作有关的预备性或者收尾性工作受到事故伤害的;③在工作时间和工作场所内,因履行工作职责受到暴力等意外伤害的;④患职业病的;⑤因工外出期间,由于工作原因受到伤害或者发生事故下落不明的;⑥在上下班途中,受到非本人主要责任的交通事故或者城市轨道交通、客运轮渡、火车事故伤害的;⑦法律、行政法规规定应当认定为工伤的其他情形。在视同工伤方面,《工伤保险条例》规定,职工有下列情形之一的,视同工伤:①在工作时间和工作岗位,突发疾病死亡或者在48小时之内经抢救无效死亡的;②在抢险救灾等维护国家利益、公共利益活动中受到伤害的;③职工原在军队服役,因战、因公负伤致残,已取得革命伤残军人证,到用人单位后旧伤复发的。

二、多项选择题（共20题，每题2分。每题的备选项中，有2个或2个以上符合题意，至少有1个错项。错选，本题不得分；少选，所选的每个选项得0.5分）

61. **ADE** 本题考查社会工作的领域。根据题中关键词"残障老年人""社区志愿者"，选项A、D、E正确。

62. **ABE** 社会工作价值观的核心是利他主义，即社会工作者以帮助他人、服务他人为自己行动的目标，是社会工作者在服务中应长期遵守和践行的，故选项A正确。我国的社会工作价值观体系，不仅要学习和总结西方社会工作的价值观体系，还要结合我国本土社会工作实践的经验，同时要将传统的文化与伦理要素融进本土化与情境化的专业价值观体系，故选项B正确。社会工作专业价值观受到人文主义、人道主义、实证主义、实用主义、集体主义等各种意识形态的影响，成为一种系统的、成熟的引领社会工作者从事专业实践的指南，同时它也是内化于社会工作者专业实践的精神标准，故选项E正确。

63. **BC** 作为一名专业社会工作者，必须遵守以下五条准则：①履行专业行为的一般规定；②以受助者利益考虑为第一，任何时候都不能剥夺受助者的利益；③不得夸大专业资格和能力，不得盗用组织名义做不利于专业的事；④在有关受助者个人的信息使用和处理上，要知会受助者并获得其同意，同时要严格履行保密原则，确保受助者的隐私不受侵犯，以及保护受助者及相关者的利益不受损害；⑤严格专业标准，避免渎职和失职行为。

64. **CD** 本题中，协助外来务工人员子女建立伙伴关系体现了归属与爱的需要，使他们获得同学的认可体现了尊重的需要。

65. **ACE** ERG理论包括生存的需要、关系的需要和成长的需要。其中，成长的需要是个人自我发展和自我完善的需要，通过发展个人的潜力和才能，使个人得到满足。选项B属于生存的需要，选项D属于关系的需要。

66. **ACE** 同理心是指社会工作者设身处地体会服务对象的内心感受，理解服务对象的想法和要求。

67. **ACD** 为了帮助服务对象顺利面对服务工作的结束，社会工作者需要做好以下四项工作：①预先告知服务对象，让服务对象对结案做好准备；②巩固服务对象在以前服务工作中获得的改变和进步；③帮助服务对象进一步探讨影响问题解决的因素，为结案之后独立面对问题做好准备；④鼓励服务对象表达结案时的情绪，与服务对象一起探讨结案后的跟进服务。其中，最常用的做法包括直接告诉服务对象、延长服务间隔的时间和变化联系的方式。

68. **CDE** 资料收集方法包括：会谈的运用（自我陈述、对答方式）、调查表的运用（结构式调查表、非结构式调查表）、观察的运用（参与观察、非参与观察）以及现有资料的运用。题中，引导小杰讲述自己感兴趣的事体现会谈的运用；运用儿童行为测量工具记录其行为表现体现调查表的运用；与小杰一起做游戏体现观察的运用。

69. **BCD** 促进组员之间沟通的技巧包括：①提醒组员相互倾听；②鼓励组员相互表达；③帮助组员相互理解；④促进组员相互回馈；⑤示范引导。本题中，小魏以拍手方式让其他组员保持安静，体现促进组员相互倾听的技巧，故选项C正确；适时打断，并让其他组员发表意见，体现鼓励组员相互表达的技巧，故选项B正确；用通俗的语言进行解释，体现帮助组员相互理解的技巧，故选项D正确。

70. ABC 与个案工作和社区工作等方法相比，小组工作方法有自己的特点和功能。小组工作的特点包括：①小组组员问题的共同性或相似性；②强调小组组员的民主参与；③运用小组治疗性因素；④注重团体的动力。

71. ABC 社会工作者在开展互动模式下的小组工作时，应坚持实施和贯彻开放性、平等性和"面对面"的互动原则。

72. ABD 社区照顾模式认为，社区内存在着许多人际关系网络，这些关系网络对社区成员的生活有很大的影响，它可以为人们提供重要的精神、物质和就业方面的支援。由家庭、亲朋好友、邻居提供的关照是非正式照顾。

73. BC 选项B、C是社会策划模式的特点。选项A、D属于地区发展模式，选项E不符合社区工作的要求。

74. CDE 与个案工作和小组工作相比，社区工作的特点有：①分析问题的视角更加趋于结构取向；②介入问题的层面更为宏观；③具有一定的政治性；④富有批判和反思精神。选项A、B的做法不具有宏观性。

75. CDE 以利他和社会为中心的动机包括：①希望帮助别人，希望世界变好；②以行动表达对他人的同情心；③喜欢认识不同年龄层的新朋友，参与一些活动，扩大社会接触面；④受亲戚、朋友、老师和家长的影响而参与服务；⑤基于宗教信仰，为人服务的理念；⑥想尽一点社会责任；⑦想以行动尽力谋求改变。选项A、B属于以自我为中心的动机。

76. ACDE 社会工作督导的主要对象包括：①新进入社会服务机构的社会工作者；②服务年限较短、经验不足的初级社会工作者；③在社会服务机构实习的社会工作专业学生；④社会服务机构的非正式人员，主要是志愿者。

77. CE 定量研究主要收集和分析量化资料、可操作变量和统计数据，如社会工作培训项目参与者对教师专业分享的评价。定量研究问题具有普遍性、代表性以及普遍指导意义。定量研究的研究设计旨在排除研究者带给研究对象的"观察者偏差"，研究者往往被研究对象视为外人，并要求在过程中体现价值中立。定性研究注重具体独特的现象，收集和分析非数字化资料。

78. BCD 行动研究是研究者与被研究者一起参与"研究"和"行动"的研究方法。根据题干描述，服务对象并未参与研究和行动，故选项A错误。根据题干表述，采用"深度访谈、焦点小组和非参与观察"方法收集资料，说明该研究资料收集方法和资料多元，故选项B正确。根据题干表述，可知采用的是个案研究，个案研究有助于进行探索性研究，发现重要的变项以及提供有用的范畴，从而拟定假设或建立理论，故选项D正确。个案研究由于资料广泛深入，有利于客观、深入、准确地把握研究对象的问题、需要及其原因机制，有利于提出有效和具体的处理办法或解题方案，故选项C正确。根据题干表述，"了解精神障碍人士及其家属接受服务的过程，分析家属服务参与对精神障碍人士康复的作用",说明家属也是被研究者,故选项 E 错误。

79. ABCD 学校保护是未成年人保护的重要方面。学校作为专门的教育机构,是教育、培养未成年人的基地,既要依法履行对未成年人的教育职责,又要依法承担对未成年人的保护义务,既有责任使在校学生接受良好的教育,又有义务保护学生在校活动时的人身安全和身心健康。具体内容包括:①学校应当全面贯彻国家的教育方针,采取措施保证在校未成年学生接受良好的教育,促进他们在德、智、体、美、劳等方面获得全面发展;②学校坚持立德树人,就是以德育为先,把社会主义核心价值体系融入思想道德教育、文化知识教育、社会实践教育各环节,融入国民教育全过程,引导学生形成正确的世界观、人生观、价值观;③学校应当实施素质教育,提高教育质量;④学校应当注重学生能力培养,加强学生的认知能力、合作能力、创新能力、职业能力等关键能力的培养;⑤学校应当促进未成年学生全面发展。

80. ACE 领取失业保险金的期限,因失业人员所在单位和本人累计缴费时间的长短而异。《失业保险条例》规定,失业人员失业前所在单位和本人按照规定累计缴费时间满1年不足5年的,领取失业保险金的期限最长为12个月;累计缴费时间满5年不足10年的,领取失业保险金的期限最长为18个月;累计缴费时间10年以上的,领取失业保险金的期限最长为24个月。

考前冲刺试卷(六)参考答案

一、单项选择题(共60题,每题1分。每题的备选项中,只有1个最符合题意)

1. C 四个选项中,就业、医疗和教育社会工作都有参与,但主要的优势领域在为困境群体提供社会服务。

2. D 社会工作是一种专业助人活动,专业助人是它的第一个特点。选项 A、B、C 都可以由志愿者完成,不具备专业性。执行社会服务项目最需要社会工作者的专业价值观、知识、方法和技巧。

3. D 人生的不同发展阶段会遇到不同的困难,有些困难是一般性的,是人们都会遇到的,这些困难常常由当事人及其家庭、亲友自己解决。但是,也有一些困难比较严重,当事人应付和解决问题的能力又有限,所以需要别人帮助才能解决。这属于社会工作服务对象层面的缓解困难目标的内容。

4. A 良好的社会秩序是社会各部分关系协调、社会稳定的状态,它是任何社会都极力追求的。在解决问题的方法上,社会工作不但强调社会秩序的重要性,也强调不尽合理的社会结构和制度环境会造成社会问题,因而需要通过改变环境、完善制度来解决问题。

5. A 社会工作者的核心能力包括:沟通与建立关系的能力、促进和使能的能力、评估和计划的能力、提供服务和干预的能力、在组织中工作的能力等。社会工作是做人的工作,社会工作者要有良好的沟通和建立关系的能力,社会工作者要同服务对象建立专业关系，要同机构成员及其他机构建立工作关系，并发展和维护这种关系，以推进社会服务。社会工作者要能够与不同的人打交道，进行有效沟通。本题中，社会工作者老王与服务对象小陈属于最初接触，通过给予服务对象关怀并获得其信任，体现的是沟通与建立关系的能力。

6. B　社会工作者的直接服务角色包括服务提供者、治疗者、支持者、关系协调者和倡导者。其中，服务提供者角色主要提供的服务包括心理辅导、物质帮助和劳务服务，还包括政策信息的提供。

7. A　老年社会工作是以老年人为对象的专业服务，是用社会工作理念和方法帮助老年人解决其面临问题的服务。任何国家都有尊老、敬老的文化传统，在中国，尊老、敬老更是中华民族的美德。我国有促进老有所养、老有所医、老有所学、老有所为、老有所乐的相关政策，在落实这些政策的过程中都需要社会工作的介入。

8. A　目前，国际社会工作界把社会工作价值观归纳为以下六个方面：①服务大众；②践行社会公正；③强调服务对象个人的尊严和价值；④注重服务中人与人之间关系的重要性；⑤待人真诚和守信；⑥注重能力培养和再学习。其中，服务大众是指社会工作者应当将服务社会中有需要的困难人群作为自己的首要任务，要超越个人利益为社会大众提供专业的社会服务。

9. A　接纳意味着社会工作者不因服务对象的年龄、性别、种族、生理及心理状况、宗教信仰、政治倾向等对他们采取歧视或拒绝提供专业服务。小王对小李说的话体现的是接纳的原则。

10. D　价值观与伦理是社会工作专业的重要内容，二者紧密联系但又有差异。首先，价值是一种对事物的偏好或判断，它不等同于以关系建构为基础的伦理，价值观关注好坏、善恶等基本判断或选择，伦理更关注人类行为的正确与否或行为是否适当；其次，价值观关注的是人如何看待事物、如何确定标准，而伦理更关注在现实中如何实践价值的标准；最后，尽管伦理与价值存在差异，但二者又紧密联系在一起，即伦理的核心要素是善，而善恰恰又是价值观的重要内容。伦理是操作层面上的价值，是把价值观念转变为行动的行为守则。

11. C　在社会工作实践中，保护生命原则高于其他所有伦理原则，社会工作者不仅有义务保护服务对象的生命，也有义务保护其他所有人的生命。

12. A　社会工作者与服务对象应当保持专业界限，即专业关系。当社会工作者与服务对象超越专业关系时，便会陷入双重关系的困境。在中国的人情社会里，双重关系有时可能会给服务对象带来益处，但在社会工作过程中也有诸多弊端。这可能导致服务对象被利用，破坏伦理的实务界限，满足社会工作者的个人需求，并削弱社会工作者的公正性与判断力。因此，如何在中国文化下处理与服务对象的专业关系，社会工作者需要具备伦理智慧。

13. C　归属与爱的需要层次包括两方面的内容：一是归属的需要，即人都有一种归属于一个群体的感情，希望成为群体中的一员，并相互关心和照顾。二是友爱的需要，即人人都需要伙伴之间、同事之间的关系融洽或保持友谊和忠诚；人人都希望得到爱情，希望爱别人，也渴望得到别人的爱。本题中，"参加校友活动，分享工作经验，形成相互支持"体现归属与爱的需要。

14. D 阿尔德弗尔把人类的需要分为三类，即生存的需要、关系的需要和成长的需要。其中，关系的需要是指发展人际关系的需要。这种需要通过工作中或工作以外与其他人的接触和交往得到满足。

15. B 娇纵型家庭中，父母对孩子盲目溺爱和疏于管束，构成娇纵型教养方式。在这种溺爱娇惯的家庭环境中，容易使孩子养成以自我为中心、骄横跋扈、疏懒散漫、贪婪无度的"霸王"心态，这种"霸王"心态如果不能得到及时矫正，很容易发展为反社会型人格。

16. B 人类在环境之中生活，同时人又具有能动性。人类行为和社会环境相互影响。人们要适应社会环境，社会环境影响个人行为，社会环境和生物遗传共同对人类行为产生影响，人类能够改变社会环境，人类行为与社会环境的关系是非平衡性的。

17. C 青少年的情绪发展比较丰富和强烈，出现两极发展特征。

18. B 间接治疗技巧是指通过辅导第三者或者改善环境间接影响服务对象的具体技巧。间接治疗技巧的运用对象很广，包括服务对象的父母、朋友、同事、亲属、邻里和社区管理人员等，这就把个案工作服务介入的焦点从服务对象个人扩展到了服务对象周围的其他社会成员。

19. D 危机发生之后，服务对象通常处于迷茫、无助、失望的状态中，所以在危机中帮助服务对象的有效方法是给服务对象输入新的希望，让服务对象重新找回行动的动力。

20. B 缘由诊断是对服务对象困扰产生、变化的过程进行分析。例如，服务对象的困扰是什么时候产生的，有什么重要的影响事件，在服务对象的成长过程中有什么样的变化等，是对服务对象个人历史的考察。

21. D 个案工作的介入过程可以分为申请与接案、预估与问题分析、制订计划、开展服务、评估与结案等不同的阶段。本题中，社会工作者小宋在接案后，首先要做的就是预估与问题分析，即详细收集与服务对象问题有关的资料，并对服务对象问题的成因和发展变化过程进行评估，从而对服务对象的问题作出诊断的过程。

22. D 支持性技巧是社会工作者借助口头和身体语言让服务对象感受到被理解、被接纳的一系列技术，主要包括专注、倾听、同理心和鼓励。其中，同理心是指社会工作者设身处地体会服务对象的内心感受，理解他们的想法和要求。本题中，欢欢采用的就是同理心技巧。

23. D 收集资料的常用技巧主要包括：①会谈的运用；②调查表的运用；③观察服务对象；④现有资料的运用。本题中，儿童社会工作者与蒙蒙已进行两次会谈仍未完全搞清楚蒙蒙的问题，因此仅通过直接对答获取信息是不够的。

24. A 结案阶段，社会工作者需要做好以下四项工作：①预先告知服务对象，让服务对象对服务结束做好准备；②巩固服务对象在已经开展的服务工作中获得的改变和进步；③与服务对象一起进一步探讨影响问题解决的因素，为服务对象结案之后独立面对问题做好准备;④鼓励服务对象表达结案时的情绪,与服务对象一起探讨结案后的跟进服务。因此,小王适宜的做法是同意结案,对个案服务进行总结和评估,并提出跟进建议。

25. A 个案工作的影响性技巧包括提供信息、自我披露、建议、忠告、对质等。其中,对质是社会工作者通过直接提问等方式让服务对象面对自己在行为、情感和认识等方面不一致的地方。当服务对象发现自己的行为、情感和认识不一致时,通常会有一些不愉快的感受,社会工作者需要通过对质把服务对象的注意力集中在未来可改变的方面,而不只是关注谁的责任。例如,社会工作者可以向服务对象提出自己的疑问:"您的想法与行动有一定的差距,您对此有什么打算吗?"

26. A 支持小组一般是由具有某一共同性问题的小组组员组成的。通过小组组员彼此之间提供信息、建议、鼓励和情感支持,达到解决某一问题和成员改变的效果。在支持小组中,最重要的是小组组员的关系建构、相互交流和相互支持。社会工作者的任务是,指导和协助小组组员讨论自己生命中的重要事件,表达经历这些事件时的情绪感受,建立互相理解的共同体关系,达到相互支持的目的。

27. C 随着熟悉程度的增加,一些组员希望更真实地表达自己不同的意见和分歧,有时也会对别人批评和指责。同时,随着自我意识和权力意识的增强,一些组员可能会通过权力竞争来争取自己在小组中的位置。为了竞争,有些组员可能会出现攻击性语言和行为。在这种情况下,有些组员可能因感受不到安全和满足,就会在这个阶段退出。此外,有的组员会自满于自己在小组中的角色,挑战社会工作者,对社会工作者提出质疑,表现出不配合的态度。

28. C 发展模式下应坚持贯彻积极参与原则和"使能者"原则。①积极参与原则。要协调和鼓励组员在小组活动中主动表达自己的困惑或者对发展的建议,积极分享和学习自我发展的经验。②"使能者"原则。既要支持、帮助小组组员通过各种活动,相互关心、相互帮助和分享,更要发展认知、激发潜能,提升组员寻求解决问题的办法、整合社会资源及自我发展的能力。本题中,老刘启发组员重新认识自我,积极寻找战胜困难的办法,属于"使能者"原则。

29. D 在结束阶段,社会工作者的任务主要是处理好组员的离别情绪,帮助组员保持他们获得的小组经验。选项D是社会工作者帮助组员保持小组经验的内容。

30. C 当一些小组组员垄断小组讨论时,或当组员的发言太抽象时,或当小组讨论脱离主题范围时,社会工作者要采取限制的手段来处理小组或小组组员的行为。这里的限制手段包括:社会工作者用"是不是"的言辞问询其他善于发言的组员或者其他未发言的组员;及时切断话题,给予适时的打岔;也可以限定发言时间,或者调整发言的次序。

31. A 积极回应是指针对组员在小组中的发言,社会工作者利用复述等技巧不断加强自身与服务对象的交流,积极回应组员的发言,确保小组的积极交流。

32. A 主持小组讨论的技巧包括以下三个方面:①鼓励的技巧;②中立的技巧;③引导的技巧。本题中,小组成员在一个帮助孩子度过青春期的教育小组谈自己的处境,偏离了主题,社会工作者使用了引导的技巧,使讨论的话题回到正轨。

33. A 社会工作者让组员介绍自己的家乡,事实上是在鼓励组员积极表达,增进组员间的相互理解与支持。

34. A 社区工作的目标分为任务目标和过程目标。过程目标是指促进社区居民的一般能力，如加强社区居民对公民权利和义务的了解，增强居民处理社区问题的能力、信心和技巧，发现和培育社区居民骨干参与社区事务，以及建立社区内不同群体的合作关系等。

35. A 本题中，社区居民对社区还不太了解，那么给居民发放手绘地图，告知社区资源分布是很好的社区教育形式。

36. C 社会策划模式体现的是一种由上而下的改变。社区的社会工作者扮演着专家的角色，运用知识、科学的决策能力，推动社区社会工作的转变。社会策划的过程主要是收集与问题有关的各种资料，了解问题的本质和发生原因，并用理性的态度决定解决问题的行动方案。

37. C 社区照顾模式强调社区责任，重视非正式支援网络，如亲戚、朋友、邻里和志愿者资源。

38. B 讨论要协助与会者作出决定，但不要太快用投票表决，而是让与会者对决定的优劣之处进行充分讨论，尽量达成共识。

39. A 维持对话是社会工作者在接触居民时的技巧重点之一。在降低了对方的疑虑后，便需要立即根据接触或访问目的维持对话。在维持对话过程中，多种技巧可以被运用，如聆听、同理心、体谅、分享感受、澄清、寻找和提供资料等。题干表述的是聆听技巧的内容。

40. B 在取得居民同意的情况下，社会工作者要迅速进入热身阶段。热身阶段最主要的是让居民身心松弛，应避免直接问一些敏感的话题，可以提一些较普通、容易回答的问题，也可以用周围环境和正在发生的事情展开话题。

41. B 社会工作者要鼓励组员积极表达自己的感受，特别是运用"此时此地"的技术让组员表达自己的感受，接纳他人的感受。尤其是对沉默的组员要加以鼓励，对说得太多的组员适当加以阻拦，以便给予其他人更多的表达机会。

42. A 一个服务方案是一幅为实现一个预定的目标和结果的工作蓝图。用系统概念来表达，社会服务方案策划过程是"输入—方案执行—输出—效果"。根据题干可知，小董所做的工作是为了策划服务方案，了解和评估问题，属于输入阶段。

43. C 当一个企业将其利润中的相当部分用于捐款时，一般情况下是为了提升公司形象，表明自己是一个"有社会责任感"的企业，是为社会和民众尽义务的企业。这也是企业为了在本地赢得良好声誉的策略，属于企业捐款动机中公共关系的内容。

44. D 社会服务机构沟通是指通过各种渠道传播消息、事实、观念、感受和态度，达到共同了解的活动。

45. A SWOT分析法对策略实施的内部条件与外部环境进行综合考虑，找出能发挥优势因素，克服弱点因素，利用机会因素，化解威胁因素的对策，最终形成完善的实施方案。

46. C 教育性督导的内容包括：①教授有关"服务对象群"的特殊知识；②教授有

关"社会服务机构"的知识；③教授有关"社会问题"的知识；④教授有关"工作过程"的知识；⑤教授有关"工作者本身"的知识；⑥提供专业性"建议和咨询"。本题中，老王教给小刘具体的方法，属于教育性督导。

47. D 志愿者需要专业管理，理由有如下四个方面：①许多志愿服务机构的志愿工作越来越多，加上受到政府或社会赞助者对其产生的期待变大，使得机构对志愿者的管理趋于严格；②社会越来越关注志愿服务所带来的负面效果，这也迫使社会服务机构加强管理那些由志愿者提供服务的方案；③志愿者在奉献时间、知识和技能时，更重视自我的收获；④志愿者参与志愿服务的方式与类型越来越多元化。

48. C 定性研究注重研究对象，有助于发现研究问题的个别性和特殊性。

49. A "不记名方式"是在告知被调查者保密原则。

50. C 社会工作研究中的非干扰性研究的现存统计资料可能存在有效性和可信度问题。现存统计资料也可能并不覆盖研究者感兴趣的内容，测量手法可能并不能有效代表所测的变量和概念。因此，研究者必须首先对资料进行效度和信度的审核，以保证分析的质量。

51. A 成果应用是社会工作研究与其他研究最大的不同。社会工作研究者要采用口头发表、内部书面发表、公开出版等形式，与课题委托者、同行和社会人士分享研究成果，以使研究成果充分发挥社会效应，最终促进社会工作专业和职业的积极发展。

52. A 个案研究的资料收集有其特色。特色之一是非正式，可以不拘时间、地点并用多种方法进行研究。特色之二是手段和资料多元，研究者可以运用各种手段，采用不同角度，进行访问、观察、记录等，详细记载研究对象的各方面资料。特色之三是详尽深入，对个人生活史及有关文献都加以考虑，常使用历史视角把握资料，并在此过程中注重服务对象的主观感受。特色之四是强调应用性研究，注重改变行为的模式。

53. B 在失业保险金的领取时间方面，社会保险法规定了领取失业保险金的期限与累计缴费年限之间的关系，失业人员失业前用人单位和本人累计缴费满1年不足5年的，领取失业保险金的期限最长为12个月。

54. A 《中华人民共和国民法典》规定，结婚应当男女双方完全自愿，禁止任何一方对另一方加以强迫，禁止任何组织或个人加以干涉。

55. C 残疾人合法权益包括康复权、受教育权、劳动就业权、文化生活权、社会保障权和环境友好权，其中，对文化生活权的规定包括开办电视手语节目，开办残疾人专题广播栏目等。

56. D 社会工作者在社会政策制定过程中主要扮演倡导者角色，在政策实施过程中扮演实施者角色。

57. A 老年人享有社会保障权，即老年人有从国家与社会获得社会保障的权利。国家建立养老保险制度，保障老年人的基本生活，并对经济困难的老年人、无劳动能力、无生活来源、无赡养人和扶养人的老人实行社会救助。

58. D 《最低生活保障审核审批办法（试行）》规定，户籍状况、家庭收入和家庭财产是认定低保对象的三个基本要件。

59. B 依照《城市生活无着的流浪乞讨人员救助管理办法》的规定，对流浪乞讨人员实行的救助形式主要为救助站救助。对其中的残疾人、未成年人、成年人和行动不便的其他人员，应当引导、护送到救助管理机构。

60. C 《中华人民共和国未成年人保护法》规定，对孤儿、无法查明其父母或者其他监护人的以及其他生活无着的未成年人，由民政部门设立的儿童福利机构收留抚养。

二、多项选择题（共20题，每题2分。每题的备选项中，有2个或2个以上符合题意，至少有1个错项。错选，本题不得分；少选，所选的每个选项得0.5分）

61. ACD 社会工作的要素包括服务对象（也称受助者、案主或工作对象）、社会工作者、社会工作价值观、专业助人方法、助人活动，其中，服务对象（包括基本对象和扩大对象）和社会工作者是基本要素。

62. BCD 选项A、E在题干中没有体现，故排除。

63. ABCD 我国社会工作专业实践的价值观包括：①以人民为中心，回应社会需要；②接纳和尊重；③个别化和非评判；④注重和谐有序，促进社会共融与发展；⑤平等待人，注重民主参与；⑥权利与责任并重；⑦个人的发展机遇、潜能提升与国家的社会发展进程相结合。

64. CE 家庭内互动包括纵向和横向两个方面。纵向影响主要来自家庭背景和家庭中过去的事件对当今家庭成员行为的影响，横向影响主要是家庭成员间的互动对个体行为的影响。

65. BCE 中介需要是指那些在所有文化中能够促进身体健康和人的自主的产品、服务、活动和关系的特性。莱恩·多亚尔和伊恩·高夫列举了十一种中介需要，即有营养的食物和洁净的水（选项E正确）、具有保护功能的住房（选项B正确）、无害的工作环境、无害的自然环境（选项C正确）、适当的保健、童年期的安全、重要的初级关系、环境上的安全、经济上的安全、适当的教育、安全的生育控制与分娩。

66. ACD 心理社会治疗模式认为人生活在特定的社会环境中，会受到生理、心理和社会因素的影响。这些因素相互作用，共同推动个人的成长和发展。

67. ABC 选项D属于接案阶段的内容，选项E属于预估阶段。

68. BCD 影响性技巧是社会工作者为服务对象提供必要的信息或者建议，让服务对象采取不同的理解和解决方法的一系列技巧，包括提供信息、自我披露、建议、忠告、对质等。选项B属于提供信息，选项C属于建议，选项D属于忠告。

69. ABCE 在小组工作中，与组员沟通的技巧包括营造轻松、安全的氛围，专注与倾听，积极回应，适当自我表露，对信息进行磋商，适当帮助梳理，及时进行小结。其中，选项D对信息进行磋商是指当无法把握组员发言中的信息时，社会工作者有必要耐心地与发言者交流，直到信息能够被正确理解和取得共识，与题干所述情境不符，故排除。

70. ABCE　互动模式下的小组工作时，应遵守开放、平等、面对面的原则。该模式强调小组组员间的平等及个体独立性。选项D属于教育性小组的内容。

71. BD　选项A、C、E属于小组成熟阶段的表现。

72. ACD　社区照顾模式认为，社区内存在着许多人际关系网络，这些关系网络对社区成员的生活有很大影响，它可以为人们提供重要的精神、物质、服务等方面的支援。如家庭、亲朋好友、邻居提供的关照便是非正式照顾的表现。社区照顾模式强调动员家人、社区居民与志愿者开展服务，以在社区中建立互助互爱的关系。选项B、E属于正式照顾资源。

73. ABCD　在社区工作中的资源开发通常涉及的是人力和资金，尤其是志愿者的招募和活动经费的筹措。招募志愿者时，可以通过发布广告、张贴海报、散发宣传单等方式向社区或社会公开招募，也可以通过已有的志愿者或社区团体及组织进行招募。如果活动经费不足，可以采用寻找赞助、私人劝募、公益募款等方式筹措资金，但要注意公益募款应遵守相关的法规。

74. AB　社会服务方案的策划分为以下四个阶段：①问题的认识和分析阶段；②目标制定阶段；③方案安排阶段；④考虑服务的评估。根据题干所述，小兰所做工作属于前两个阶段。

75. ADE　策划者可选用"可行性方案模型"来筛选理想方案，这个模型中有六个"筛选标准"：一是效率，指方案资源投入和服务产出比值；二是效果，指方案实现目标的程度以及带来的服务对象的改变；三是可行性，指实施这个方案达到成功的程度，包括方案是否实际可行，机构是否可以完成这个方案，机构过去完成这类方案的记录，方案计划是否适当；四是重要性，指这个方案是否唯一达到目标的，且必须推进的程度；五是公平，指这个服务方案能否公平地提供给有需要的个人或团体的程度；六是附加结果，关注的是方案中所产生的意外（目标之外）的效果，包括对社会所产生的正面和负面效果。根据题干描述，筹备组已经完成了对效率、效果的筛选，故接下来就是对可行性、重要性、公平和附加结果进行分析，选项A属于可行性，选项D属于公平，选项E属于附加结果。

76. ABC　在项目申请书中要说明以下内容：向政府或基金会申请这笔经费支持的意义，或申请这笔经费（有时是实物）要做什么，其用途要符合社会福利或社会公益目标，符合政府或基金会的资助目标，故选项A正确。要说明资助的重要性，即这笔资助对于项目对象的必要性，而非对机构的重要性，故选项D错误。说明资助额及申请这一数量资助的原因，需要列出较细致的项目预算。要说明怎样使用这笔资助，即怎样将这笔资助运用于机构的服务，故选项B正确。要说明使用这笔资助可能达到的预期效果，而非一定能达到的预期效果，故选项E错误。要说明使用这笔资助的社会交代的方法，即如何向资助者报告资助项目的结果，故选项C正确。

77. ADE　个案研究的资料收集有以下四个特色：①非正式；②手段和资料多元；③详尽深入；④强调应用性研究，注重改变行为的模式。

78. BCDE　定量研究与定性研究虽然存在区别，适用场景也不同，但是二者并非截然对立。由于认识事物和解构现象的逻辑不同，二者也相互依存、相互渗透和相互补充。

当然根据研究问题、资源条件、自身特长、当时当地情况等因素采用合适范式，选用恰当技术，也是社会工作研究者应有的实践智慧。

79. BDE 我国法律规定，劳动者平均每周工作时间不超过44小时，故选项A错误。劳动法规定的休假除了法定休假日和年休假，还有产假和婚丧假，故选项C错误。

80. ABDE 《中华人民共和国未成年人保护法》规定，学校应当建立学生欺凌防控工作制度，对教职员工、学生等开展防治学生欺凌的教育和培训。学校对学生欺凌行为应当立即制止，故选项A正确。通知实施欺凌和被欺凌未成年学生的父母或者其他监护人参与欺凌行为的认定和处理，故选项E正确。对相关未成年学生及时给予心理辅导、教育和引导，故选项B正确。对相关未成年学生的父母或者其他监护人进行必要的家庭教育指导，故选项D正确。

全国社会工作者职业水平考试辅导用书

社会工作综合能力（初级）考前冲刺试卷
社会工作实务（初级）考前冲刺试卷
社会工作综合能力（中级）考前冲刺试卷
社会工作实务（中级）考前冲刺试卷
社会工作法规与政策考前冲刺试卷

责任编辑◎周　琪
责任校对◎胡志鹏
　　　　　马　维
责任设计◎郭　艳

天猫旗舰店

中国人力资源和社会保障出版集团

ISBN 978-7-5129-2113-9

定价：32.00元

新编人力资源与社会保障通用教材

社会保障通论

贾玉娇 编著

中国劳动社会保障出版社